부동산초등학교 입학을 환영합니다!

부동산 초등학교

유 평 창 지음

저자소개

유평창(평생자산관리연구소 / 소장)

저자는 1990년에 은행원으로 사회생활을 시작하여 출납, 예적금, 신탁, 외환, 대출업무를 두루 경험하고 본점의 고객업무부에서 근무하던 중 1999년에 조흥은행 1호 PB로 발탁되어 본격적으로 자산관리에 대한 일을 시작하였다. 이후 삼성생명에서 파이낸셜코디네이터와 브랜치매니저를 거쳐 금융보험컨설팅회사에서 교육본부장을 역임하였다. 지금은 평생자산관리연구소를 오픈하여 지금까지 소장으로 활동중이다.

우정공무원교육원에서 겸임교수와 부동산교육전문회사인 랜드프로에서 재테크분야의 교수로 있다. 또한 서울시공무원교육원 등 교육기관, 부산광역시 등 지방자치단체, 서울교대 등 대학교, 삼성전자 현대차 등 유수기업체, 서울시노인종합복지관 등 공익기관, 현대증권 농협 등 금융기관 등에서 부동산 위주의 재무강연활동을 3,000회 이상 진행하고 있다.

KBS, MBC, 경기방송, 서울경제TV, 머니투데이 등에서 재무관련 방송을 진행하였고, 저서로는 『20대는 통장을, 40대는 인생을 채워라』, 『행복한 미래를 디자인하는 힐링재테크』 외 다수가 있다.

공인중개사, 대출심사역, 신용분석사, 1종 및 2종 투자상담사, 금융자산관리사, 주식중독상담사 등 재무관련 대부분의 자격증을 보유하고 있다.

저자는 20년간 재무현장에서 대부분의 재무자산에 대하여 연구하고 상담업무를 진행하다가 가장 중요하고 필수자산인 부동산에 대하여 다년간 투자클럽을 이끌면서 본격적인 부동산전문가로서의 역할을 수행하고 있다.

특히 입지와 상권분석 그리고 저평가된 부동산물건을 발굴하면서 일반인들이 부동산에 대한 안목을 형성하는 것이 가장 중요하다는 사실을 깨닫게 되었다.

누구나 부동산을 떠나서는 살아갈 수가 없고, 사회초년생들도 원룸부터 아파트까지 주택을 구입해야하는데 자칫 거래사고가 발생하거나 고가매수 등의 부작용을 겪고 있는 것이 현실이다. 한 달 급여를 아끼고 아껴서 모은 종잣돈으로 내 집마련에 나섰다가 잘못된 선택을 하여 고통받고 있는 상담자들이 실제로 매우 많다는 것을 안타깝게 생각하고 아직 많이 부족하지만 용기를 내어 이 책을 쓰게 되었다.
이 책은 부동산투자관련 초심자의 눈높이에 맞춰서 요점정리와 핵심포인트를 정리했다. 부동산에 대한 정의와 우리 생활에 미치는 영향 그리고 경제환경과의 상관관계에 대한 기초적인 설명과 함께 부동산 평가방법도 기술하였다. 아울러 실제 투자활동에 도움을 드리고자 부동산 7대 영역에 대한 투자포인트와 주의할 점을 강조하였고 부동산관련 3대 정책도 곁들였다.

현장활동의 중요성을 알려드리기 위하여 우리동네에 대한 현장개념과 수익형부동산 답사활동까지 다루었다.

이미 부동산으로 수백억의 재산을 모은 사람이나 부동산관련 전문가들은 읽지 않기를 바란다. 그 이유는 고수의 입장에서 보면 너무 쉽게 풀어써놓았고 분야별로 견해차이가 있을 수 있기 때문이다.

머리글

부동산관련분야에서 20년 이상 재무전문가로 활동해온 저자가 어쩌면 유치할 수도 있는 '초등학교'라는 제목으로 부동산책을 출간한 이유는 부동산에 대한 지식과 경험이 부족한 아마추어투자자들이 더 이상 부동산 때문에 고통받는 일이 발생되지 않기를 바라는 마음에서다.

이 책은 부동산공부를 시작하려는 사람들에게 가장 쉽고 빠른 입문지침서로 부동산을 사고 팔거나 평가할 때 또는 각종 거래사고를 예방하는데 도움이 되길 바란다. 또한 검증되지 않은 인터넷 지식들과 비전문가인 지인들이 제공하는 근거없고 시의성없는 부동산정보에 대한 올바른 정리의 기준이 된다면 좋겠다. 특히 부동산초보투자자들이 부동산에 대한 자기만의 안목이 생기기를 소망한다.

부동산은 입지와 가격이라는 핵심요소와 수요와 공급이라는 투자환경이 조화가 맞으면 누구나 성공적인 투자를 할 수 있다. 그러나 같은 물건이라도 투자가치가 비슷해 보이지만 길하나 차이로도 가격이 다르고 투자하는 사람마다 보는 눈이 다르므로 원하는 시점에 원하는 가격으로 매매하기 어렵다.

이 책을 끝까지 읽어보면 부동산의 개념, 종류, 특징, 위험과 같은 원리에서부터 주택, 수익형부동산, 토지 그리고 재개발, 공경매투자에 이르는 다양한 영역은 물론이고 수요와 공급의 원리와 한국은행의 정책과 청약제도까지 접근할 수 있다. 한마디로 대한민국 부동산의 대부분을 이해할 수 있고 어떤 점에 포인트를 두고 평가해야 하는지를 알 수 있다.

우리나라의 초등학교 학제가 총 6개 학년으로 구성되어 있고 각 학년마다 2개 학기가 있듯이 부동산을 개념과 난이도에 따라서 커리큘럼을 저학년부터 고학년까지 배치하였다. 6학년과정에서 수학여행과 소풍의 개념을 도입하여 우리 동네에 대한 입체적인 분석과 저금리시대에서 주목받고 있는 수익형부동산투자에 대하여 현장감있게 다루었다. 학습효과를 극대화시키기 위하여 서술식으로 표현하지 않고 한 눈에 쏙 들어오도록 매 주제별로 가, 나, 다, 라 형태의 요점정리식으로 기술하였다.

목차에서도 알 수 있듯이 부동산과 관련된 주요 용어 해설부터 부동산 정책에 이르기까지 여러 가지의 주제로 분류하여 광범위한 개념과 지식을 책상위 이론이 아닌 현장 속 실무중심의 살아숨쉬는 콘셉트로 전달하고 있다.

금융상품의 경우 주식이나 파생상품과 같이 고위험인 자산에 빚을 내서 투자하지 않는다면 성공하거나 실패하더라도 인생이 쉽사리 바뀌지는 않는다. 반면 최소 억단위가 넘어가는 부동산에 잘못 투자하면 파산에 이를 수도 있고 성공하면 큰 부자가 되기도 한다. 그만큼 부동산은 아마추어투자자에게 투자에 대한 성공의 과실과 실패의 고통을 동시에 주는 양면성의 얼굴을 띠고 있다.

부디 이 책을 읽은 사람은 읽지 않은 사람보다 탁월한 부동산안목이 생기고 그 결과 투자성공으로 큰 부자가 되길 바란다.

추천사

한국자산설계전문가협회 이창환 협회장 / 법학박사

저자와는 십여년 전부터 법률전문가와 부동산전문가로서 서로 잘 알고 지내는 관계다. 그 시절에 이미 부동산관련 책을 썼어도 좋았을테지만 여전히 더 배울 것이 많다며 부동산연구와 상담에 많은 시간을 쏟아붓고 현장답사를 해오면서 투자클럽까지 이끌고 있다고 하니 이제는 진정한 부동산전문가라는 점을 인정해주고 싶다. 저자는 은행 PB시절부터 부동산을 중심으로 한 재무포트폴리오에 대하여 다수의 방송 및 저술활동 그리고 왕성한 강연활동을 해오고 있었다. 아울러 부동산투자와 관련한 유료상담에 이르기까지 다양하고 깊이있게 부동산전문가로서의 역량을 현장중심으로 쌓아왔다. 드디어 부동산초심자들을 위하여 그의 경험과 노하우를 이 한 권의 책을 통하여 세상에 꺼내 놓는다고 하니 새삼 그 열정과 노력에 박수를 보낸다. 모쪼록 부동산에 대한 공부와 투자를 새롭게 시작하는 사람들에게 이 책이 평생 동안 변치않을 매뉴얼이 되길 기대한다.

Contents
부동산초등학교

저자소개   3
머리글   6
추천사   9

1학년   13
부동산이 뭐예요?

1학년 1학기   15
1장. 부동산의 책상위 개념과 현장속 개념이 달라요.   16
2장. 부동산은 여러 종류가 있어요.   24
3장. 부동산은 종류별로 각각 성격이 달라요.   38

1학년 2학기   47
1장. 부동산은 투자할 때 위험이 있어요.   48
2장. 부동산은 통계로 보면 더 잘보여요.   55

2학년   65
부동산은 우리 생활에 어떤 영향을 미치나요?

2학년 1학기   67
1장. 부동산은 살아가면서 제일 중요한 자산입니다.   68
2장. 부동산가격은 경기사이클과 관련이 있어요.   77

2학년 2학기 87
1장. 부채는 약이 되기도 하고 독이 되기도 해요. 88
2장. 부동산에서 평생 월급을 받을 수도 있어요. 97

3학년 107
부동산은 어떻게 평가하고 분석하나요?

3학년 1학기 109
1장. 부동산은 이렇게 평가해요. 110
2장. 부동산을 바라보는 자신만의 안목을 키워보세요. 119
3장. 같은 부동산이라도 가치와 가격이 달라요. 125

3학년 2학기 135
1장. 부동산은 우선 개별공시지가로 평가해요. 136
2장. 부동산은 입지와 상권이 중요해요. 142

4학년 151
부동산 7대 투자영역에서 꼭 챙겨야할 것은 무엇인가요?

4학년 1학기 153
1장. 부동산 1대 영역, 좋은 주택은 이렇게 골라야해요. 154
2장. 부동산 2대 영역, 평생소득을 받을 수 있는
    수익형부동산은 이렇게 골라야해요. 173
3장. 부동산 3대 영역, 유망한 토지는 이렇게 골라야해요. 181
4장. 부동산 4대 영역, 재개발은 이런 점이 포인트입니다. 195

4학년 2학기 207
1장. 부동산 5대 영역, 재건축은 이런 점이 포인트입니다. 208
2장. 부동산 6대 영역, 리모델링은 이런 점이 포인트입니다. 221
3장. 부동산 7대 영역, 공경매는 이런 점이 포인트입니다. 231

5학년 249
부동산 주요정책은 무엇인가요?

5학년 1학기 251
1장. 부동산정책은 수요보다 공급이 중요합니다. 252
2장. 한국은행에서는 이렇게 돈관리를 합니다. 271

5학년 2학기 291
1장. 주택청약제도에서 이것은 꼭 알아야해요. 292

6학년 317
부동산여행을 떠나요.

6학년 1학기 319
1장. 우리동네로 부동산수학여행을 떠나요. 320
2장. 신축빌라를 구경하러 갔어요. 329

6학년 2학기 337
1장. 수익형부동산으로 소풍을 떠나요. 338

1학년

부동산이 뭐예요?

1학년

1학기

1장.　부동산의 책상위 개념과 현장속 개념이 달라요.
2장.　부동산은 여러 종류가 있어요.
3장.　부동산은 종류별로 각각 성격이 달라요.

부동산의 책상위 개념과 현장속 개념이 달라요.

1학기 1장 제1절 부동산이란?

I 부동산의 정의

1. 부동산

가. 움직여서 옮길 수 없는 재산을 부동산(不動産)이라고 한다.
나. 민법상 토지 및 그 정착물이라고 정의한다. 상대적으로 동산(動産)이란 부동산 이외의 물건이라고 정의한다.
다. 등기 또는 등록을 함으로써 재산권을 보장받는다.
라. 한마디로 발바닥이 닿는 모든 곳을 부동산이라고 부른다.

2. 준부동산

가. 민법에서 정하지는 않았지만 부동산평가활동 측면 또는 움직이는 재산 중에서 일부재산은 부동산으로 분류하여 준(準)부동산으로 부른다.
나. 준부동산의 종류에는 자동차, 선박, 비행기, 건설기계, 입목, 공장재단, 광업재단 등이 있다.

다. 준부동산 그룹에 대한 투자는 자동차외에는 일반인들이 접근하기 쉽지 않다.

3. 복합부동산

가. 토지와 건물 그리고 부대시설이 서로간에 특별한 권리관계가 설정되어있는 부동산이다. 즉 주상복합건물처럼 해당 토지와 특별한 권리관계가 있는 건축물이 상호간에 복합적인 영향력을 준다.
나. 손바닥도 마주쳐야 소리가 난다는 말이 있듯이 부동산도 토지와 건물이 상호조화를 이루면서 구성되어야 최고의 가치를 발휘할 수 있다.

제2절 부동산의 학문적 개념

I 부동산의 학문적 개념

1. 부동산학이란?

가. 부동산과 관련된 일련의 활동을 체계적으로 정리하여 학문으로 만든 것이다.
나. 단순히 부동산 자체만을 다루지 않고 부동산과 관련된 모든 활동을

아울러서 다룬다. 특히 사람과 주변환경의 상호관계에 중점을 두고 있다.

2. 학문적으로 본 부동산

가. 사회학 : 사람과 부동산의 상호작용을 연구하는 학문이다.
나. 응용학 : 사람이 살아가는 일상활동과 부동산의 원리를 이해하는 학문이다.
다. 경험학 : 부동산과 연관된 사람의 경험을 다루는 학문이다.
라. 종합학 : 부동산은 법률, 경제, 사회, 문화 등 거의 대부분 학문의 지원을 받는다.
마. 규범학 : 부동산학은 사람에게 유익하게 이용되도록 각종 법률이나 규범적인 요소를 지닌다.

1학기 1장 제3절 부동산의 실무적 개념

I 부동산의 실무적 개념

1. 부동산연구자의 실무적 개념

가. 부동산의 학문적 가치에 중점을 둔다.
나. 부동산관련 통계를 작성하고 활용한다.
다. 부동산에 대한 각종 전망을 하고 발표한다.
라. 정부가 발표하는 각종 경제지표와의 상관관계를 연구한다.
마. 부동산관련 공부를 많이 한 사람들이므로 현장이 아닌 책상위에서만 연구하는 경우가 많다.
바. 부동산연구소의 학문적인 정보와 자료는 오히려 현실적인 투자판단에 도움이 안될 수도 있다.

2. 부동산중개업자의 실무적 개념

가. 부동산을 하나의 상품으로 취급하고 사업의 대상으로 본다.
나. 부동산을 평가할 때 주로 거래가격을 기준으로 평가를 한다.
다. 부동산을 매매 또는 임대 중개할 때 발생하는 중개수수료를 수입원으로 한다.
라. 매도자 또는 매수자의 양쪽 입장을 동시에 고려해야한다.
마. 특정부동산에 대한 평가시 마케팅적 개념을 우선하는 경우가 많다.

3. 부동산개발업자의 실무적 개념

가. 부동산을 부동산개발업을 위한 하나의 원재료로 본다.
나. 개발에 소요되는 자본이 필수적으로 조달되어야 한다.
다. 자본이 부족할 경우 지주공동개발 등의 기법을 활용한다.

라. 대규모의 개발을 할 때에는 금융기관과 연계한 프로젝트파이낸싱기법을 동원하기도 한다.
마. 시행업자의 입장에서 부동산을 바라본다.
바. 특정부동산의 이용가치에 대한 운명을 결정하는 역할을 한다.

4. 부동산이용자의 실무적 개념

가. 부동산을 직접 점유하거나 이용하는 실수요자의 입장에서 바라본다. 특히 주택과 같은 부동산은 삶의 필수요소다.
나. 부동산을 매수하는 과정에서 자금을 직접 또는 간접적으로 조달해야 한다.
다. 부동산 구입시 직접 매매하기도 하지만 대부분은 부동산중개업소의 도움을 받아서 매매한다.
라. 부동산을 취득, 보유, 매도하는 전 과정에서 각종 세금을 납부하는 주체가 된다.
마. 이용목적에 따라 주택, 상가, 오피스, 오피스텔, 토지 등으로 구별된다.
바. IT기술과 온라인매체의 발달의 결과로 직방, 다방 등과 같은 앱이 개발되어 소비자들의 부동산이용기능이 크게 향상되고 있다.
사. 부동산이용자의 입장에서 볼 때 가장 쉬운 영역이 아파트를 중심으로 한 주택이다. 반면 주택외의 토지와 상가는 전문가그룹의 이용자들이 아니면 투자목적으로 접근하기 곤란하다.

※용어해설 : 등기(登記)

국가 기관이 법정 절차에 따라 등기부에 부동산에 관한 일정한 권리관계를 적는 일. 또는 적어 놓은 것. 부동산에 관한 권리변동의 요건이 된다.(출처: 네이버 국어사전)

※용어해설 : 등록(登錄)

1. 일정한 자격 조건을 갖추기 위하여 단체나 학교 따위에 문서를 올림.
2. 〈법률〉 일정한 법률 사실이나 법률관계를 공증하기 위하여 행정 관서나 공공 기관 따위에 비치한 법정(法定)의 공부(公簿)에 기재하는 일(출처: 네이버 국어사전)

※용어해설 : 동산(動産)

〈법률〉 형상, 성질 따위를 바꾸지 아니하고 옮길 수 있는 재산. 토지나 그 위에 고착된 건축물을 제외한 재산으로 돈, 증권, 세간 따위이다.(출처: 네이버 국어사전)

※용어해설 : 프로젝트파이낸싱(project financing)

1. 유전개발이나 대형 부동산 개발 등 위험이 큰 대규모 사업에 주로 사용되는 자금 조달 방법. 금융회사는 사업주의 신용이나 담보물의 가치보다는 사업 자체의 경제성을 믿고 돈을 빌

려 주고, 사업이 진행되면서 나오는 수익금으로 대출을 회수하는 금융기법이다.(출처: 네이버 국어사전)
2. 은행 등 금융기관이 사회간접자본 등 특정사업의 사업성과 장래의 현금흐름을 보고 자금을 지원하는 금융기법.
대규모의 자금이 필요한 석유, 탄광, 조선, 발전소, 고속도로 건설 등의 사업에 흔히 사용되는 방식으로 선진국에서는 보편화된 금융기법이다. 프로젝트 자체를 담보로 장기간 대출을 해주는 것이므로, 금융기관이 개발계획의 조사와 입안(立案)의 단계부터 참여하여 프로젝트의 수익성이나 업체의 사업수행능력 등을 포함한 광범위한 분야에 걸쳐 심사를 한다.

대출 상환은 프로젝트에서 발생하는 수익을 원천으로 하므로 프로젝트에서 발생한 캐시 플로(cash flow)를 유지·확보하는 것에 초점이 집중되며, 정상적인 캐시 플로를 방해할 수 있는 사항은 모두 리스크로 간주된다.

이는 모회사(母會社)와는 별도로 설립된 프로젝트 회사에 금융이 제공되므로 모기업의 담보와 신용을 근거로 하는 일반금융과는 달리 해당업체의 신용보다는 특정사업 자체에 사업성이 있을 경우에 금융기관들이 공동으로 자금을 지원하는 방식이다. 만일 프로젝트가 실패하더라도 모회사는 차입금 상환에 대한 부담이 없지만 최근 프로젝트 리스크가 커짐에 따라 모회사가 직·간접으로 보증을 서는 변형된 형태의 프로젝트 금융이 등장하고 있다.

한국에서는 석유 및 플랜트업체, 종합상사 등이 국내외 프로젝트에 소요되는 자금을 프로젝트 파이낸싱에 의해 조달하는 경우가 많은데, 이 경우 다양한 유형의 직·간접 금융기법을 효율적으로 결합시켜 필요자금을 최소의 비용으로 조달하는 것이 중요하다. 또한 이를 위해서는 프로젝트 파이낸싱의 국내외 재원유형과 각각의 특성을 정확하게 파악하여야 한다. 최근에는 워크아웃이나 법정관리, 화의절차가 진행 중인 기업의 주요사업에 대하여 이 방식을 도입하는 방안이 추진되고 있다.

(출처 : 네이버 지식백과 / 두산백과)

부동산은 여러 종류가 있어요.

1학기 2장 **제1절 실무적 부동산이란?**

I 실무적 부동산의 정의

1. 부동산에서 '실무적'이라는 의미는?

가. 거래의 대상이다. 문화재급 건축물은 거래의 대상이 될 수 없지만, 사람의 생활에 반드시 필요한 부동산은 실무적인 거래절차를 거쳐서 소유권을 가지게 된다.

나. 광고나 홍보의 대상이다. 부동산이 거래되려면 실수요자를 발굴하는 광고 또는 홍보의 절차가 필요하고 해당 업무를 실행할 실무진이 있어야 한다.

다. 각종 비용의 발생이다. 부동산이 거래되는 과정에서 정당한 중개수수료와 관련 인력들의 인건비가 발생한다. 비실무적 부동산에는 이런 비용이 발생하지 않는다.

라. 거래의 상대방이 존재한다. 매매(賣買)라는 단어는 '팔고 산다'는 의미로 반드시 매도자와 매수자가 존재하게 된다.

마. 사람들의 삶과 연계된다. 실무적인 부동산은 상징적이거나 법률적으로 존재하지 않고 사람들의 거주와 업무 그리고 사업에 기여한다.

바. 전문가에 의한 부동산중개라는 실무의 중요성을 무시하고 직접 거래시 자칫 전재산을 날릴 거래사고가 발생할 수도 있다.

2. 비실무적 부동산의 의미

가. 법률적 의미의 부동산

'토지 및 그 정착물'과 같은 법률상 정의와 부동산의 범위(광의와 협의)를 나누는 것을 법률적 의미의 부동산이라고 한다. 또한 토지소유권은 정당한 이익의 범위내에서 토지의 상하에 미친다는 토지소유권의 범위를 정하는 것도 법률적 의미의 부동산이다.

나. 학문적 의미의 부동산

부동산을 일종의 학문으로 규정하여 법학, 경제학, 경영학, 건축공학, 심리학, 사회학 등 여러 학문의 지원을 받아 성립된 종합학문으로 규정하고 있다.

다. 문화적 의미의 부동산

인류가 탄생하고 발전하면서 민족별 그리고 지역별로 문화가 형성되었다. 그런 문화중에서도 눈에 보이는 유형인 건축물은 개별적인 관습, 사상, 가치관 등에 따라 고유한 양식을 지니고 있다. 흔히 어떤 풍의 건축양식이라고 일컫는 것을 문화적인 의미에서 부동산으로 구분하는 것이다.

라. 특수한 의미의 부동산

기업과 은행과의 대출관계 등으로 인한 공장재단과 같은 준부동산은 일반인의 입장에서는 비실무적의미의 부동산이다.

제2절 실무적 부동산의 종류

I 실무적 부동산의 종류

1. 주택

가. 단독주택 : 일반적으로 1세대가 단독으로 거주할 수 있는 주택이다. 종류에는 단독, 다중, 다가구, 공관으로 분류된다.

나. 공동주택 : 건물의 벽이나 계단 등의 전부나 일부를 공동으로 사용하는 주택이다. 단독주택은 호수별로 나누어 분양이 불가능하지만 공동주택은 대지지분을 공유하면서 건물을 나누어 분양할 수 있다.

다. 인구수에 비하여 국토면적이 좁은 우리나라는 단독주택에서 아파트와 같은 공동주택이 주택의 주류로 자리를 잡으면서 주택공급문제를 크게 개선하였다.

라. 건축법과 세법의 주택에 대한 분류기준이 서로 다르다. 오피스텔의 경우 상업시설이지만 실제사용용도가 주택이면 세법에서는 주택으로 본다.

2. 상가

가. 단지내상가

아파트가 있는 곳이면 어디에나 존재하는 상가다. 주택법의 적용을 받아 건축하는 아파트 단지 내에 설치하는 상가를 말한다. 구매시설 및 생활시설로 편의품, 생활서비스 제공이 목적인 상점이 입지한다. 배후지는 아파트 단지로 비교적 좁은 편이나, 단골 고객과 가족단위 고객을 잘 유치하면 매출의 변동이 안정적이라는 장점이 있다. 편의점 또는 슈퍼마켓, 부동산업소, 교회, 세탁소, 인테리어점 등 생활편의형 업종이 입점한다. 단지내상가에 투자하려면 세대수에 비하여 단지내상가 공급면적이 적은 물건을 선별해야 한다.

나. 근린상가

근린(近隣)이라는 단어에서 유추되듯이 주거지역 인근에 입지하며 주민의 생활편익을 제공하는 상점이 몰려 있는 곳을 말한다. 건축법상 제1종과 제2종 및 일부 판매시설이 있다. 건축할 때는 건축법의 적용을 받으며, 분양할 때는 규모가 일정량 이상이면 건축물의 분양에 관한 법률을 적용받는다. 상권은 거주지 배후이며, 생활편의 소매점, 일용품점, 학원 등 서비스업종이 입점한다. 근린상가 인근에 대형마트 등 유통시설이 입점하면 투자자의 입장에서 큰 타격을 입을 수 있다.

다. 재래시장상가

대부분 구도심내에 위치하며 생필품 위주의 아이템을 기반으로 도소매업이 밀집된 상가 집단지역이다. 그러나 현대화된 대형마트의 진입으로 점차 경쟁력측면에서 밀리고 있다. 근거리에 있어 접근성이 좋고, 소비자가 일괄구매(one-stop shopping)할 수 있는 장점이 있고, 비교적 가격이 저렴하여 이점이 많다. 반면 시설이 노후하고, 주차가 불편하며, 입점시설이 구태의연하여 인근 유통시설과 경쟁에 불리한 점이 있고, 고객창출에 한계가 있다. 재래시장은 당해 시장 상인연합회의 노력 여하에 따라 쇠퇴하거나 회복내지 활성화되는 등의 흥망의 기로에 있는 곳이 많다. 지방자치단체와 상인들의 노력으로 오랜 전통을 가진 재래시장을 문화증진과 청년창업 등의 명분을 앞세워 새로운 유통명물로 재탄생시키는 케이스가 증가하고 있다.

라. 테마상가

트렌드를 형성하는 하나의 주제를 중심으로 그와 관련된 업종을 중심으로 집단화시킨 형태의 상가를 말한다. 의료관련, 음식점관련 혹은 의류매장 등의 건축물로 특성을 살렸다. 예를 들면 서울 동매문의 의류상가와 같은 집단형 상가를 말한다. 건물규모가 커지면서 최근에는 복합테마상가라는 개념을 적용하여 더 넓고 복합적인 기능을 갖춘 상가들이 늘어나고 있다. 서울 명동이나 동대문과 같은 중국인 등 해외관광객들이 많이 몰리는 지역에 집중적으로 형성되고 있다.

마. 주상복합상가

도시의 고밀도개발과 첨단공법을 바탕으로 만들어진 주거공간과 상업공간이 복합된 건물의 하부에 위치한 상가다. 해당 건물안에 거주하는 주민들과 도심 내에 직장을 갖고 있는 사람들에게 쇼핑 또는 서비스공간을 제공하기 위한 상가로서 역세권을 중심으로 자리잡고 있다. 고령화사회가 깊어질수록 주거와 쇼핑의 편리성이 강조되면서 앞으로 도심안의 인기있는 상업시설로 부각될 확률이 매우 높다.

바. 쇼핑몰상가

도로를 중심으로 한 직선적이고 전통적인 상가 배치에서 벗어나 최근에 보이고 있는 원형 등 면 중심의 집합형 상가배치형태다. 쇼핑센터 안팎의 녹지나 분수 등의 환경을 갖춘 홀이나 통로를 몰(mall)이라고 한다. 가로수·가로등·안내판·벤치 등을 디자인하여 보행자의 쾌적성을 중시하고 머무는 시간을 연장시켜 상점가를 활성화 하자는 것이 쇼핑몰(shopping mall)의 목적이다. 그러나 수요분석을 잘못하여 비인기지역에 대규모로 쇼핑몰상가를 조성할 경우 오히려 상권미형성으로 인한 투자실패사례가 발생하게 된다.

사. 스트리트상가

스트리트(street)형 상가는 거리를 따라 늘어서 있어 걸으면서 쇼핑을 할 수 있도록 조성된 거리형 상가를 말한다. 소비자들의 동선을 따라 상업시설이 형성되기 때문에 접근성이 뛰어나다. 주로 대단지 아파트나 주상복합 등 길게 늘어선 형태로 조성되는 까닭에 가시성과 상징성 확보에 탁월하다. 이러한 장점으로 이용객들의 만족도가 높고 집객 효과도 뛰어나 수요자들의 호응도가 높다. 도시가 발달하고 국민소득이 증가하면서 인기를 끌고 있다. 예를 들면 압구정동 '로데오거리', 신사동 '가로수길', 이태원 경리단길 등이다. 해외여행자들의 급증과 유럽풍의 선진화된 카페거리문화 등이 대거 유입되면서 한창 인기를 끌고 있는 상가유형이다. 합정역이나 상수역 등의 오래된 단독주택지역의 주민들은 향후 아파트를 짓는 재건축을 오히려 반대하고 현상태 그대로 스트리트형 상권이 형성되기를 반기는 현상까지 나타나고 있다.

3. 오피스 / 오피스텔

가. 오피스(office)는 사람들이 일을 하는 장소나 방인 사무실(事務室)을 말한다. 세계에서 가장 많은 노동시간을 자랑하는 우리나라 직장인들의 현실을 고려할 때 오피스는 주택보다 더 많이 머무는 공간이 되기도 한다. 그 결과 도심속 오피스의 장시간 야근불빛으로 인하여 한국도시의 야경이 특히 더 아름답다는 말이 나올 정도다.

나. 오피스텔(officetel)은 사무실과 호텔을 합친 형태로 일을 할 수 있게 만든 건축물이다. 오피스(영어: office)와 호텔(영어: hotel)을 합쳐 만든 한국어식 영어다. 그러나 1인가구의 증가와 일상의 편리성을 선호하는 계층의 증가로 인하여 주거용으로 용도가 변하고 있다. 최근 신축되는 오피스텔은 거의 대부분 오피스의 기능보다 호텔의 기능을 발휘하고 있다. 특히 저성장 저금리시대에 은행금리이상의 수익률을 기대하면서 주식이나 채권의 위험보다 낮은 투자처로 많은 인기를 끌고 있다. 특히 복층구조의 오피스텔은 2인이 셰어하우스 형태로 이용하면서 월세부담을 줄이는 형태로 이용하기도 한다.

다. 아파텔

아파텔(apatel)은 아파트와 호텔을 합친 형태로 일을 할 수 있게 만든 건축물이다. 최근 들어 가구원수의 감소와 일상의 편리성을 선호하는 계층의 증가로 인하여 공급이 많아지고 있다. 아파트(영어: apartments)와 호텔(영어: hotel)을 합쳐 만든 한국어식 영어다. 아파텔은 상업지역 안에 위치하여 교통여건과 생활편리성이 뛰어나고 아파트에 비하여 저렴한 시세로 인하여 신혼부부와 자녀가 없는 2인가구 등에게 유용한 주거공간으로 인정받고 있다.

4. 토지

가. 경제학에서는 토지를 일반적으로 '생산의 요소'라고 보고 있지만 현실적으로는 '투자의 요소'로 보고 있다.

나. 법적 구분을 하면 28개의 지목이 있고, 투자대상으로 구분하면 사업용 또는 비사업용으로 구분한다. 전자를 '투자'라고 하고, 후자를 '투기'라고 부르기도 한다.

다. 토지는 건물과 함께 부동산이라 부르며 가정경제의 중요한 재산이다. 토지는 무한히 연속하는 지표(地表) 및 지하의 구성 부분으로 형성되고 있으나, 물권의 객체인 물건이 되기 위해서는 지표의 일부를 일정범위로 구획·구분하여야 하며, 구분된 토지만이 개개의 물건으로 취급된다. 구분된 토지의 각각을 1필(筆)의 토지라고 하며, 1필지마다 지번(地番)이 붙여져서 부동산등기법이 정한 바에 따라 토지등기부에 기재된다. 그리고 토지에 관한 권리의 변동은 등기가 성립요건이 되며, 또한 제3자에 대한 대항요건이 된다.

5. 공장

많은 사람들의 협동 작업에 의해 계속적으로 상품을 생산하기 위하여 고정적인 시설을 설치한 장소를 말한다. 제조업을 영위하기 위해서는 필수로 보유해야하는 시설물이다. 대다수의 공장은 투기의 대상이 아니라

사업상 투자의 대상으로 취급받는다. IT기술의 발달과 환경오염 등의 민원으로 인하여 요즘은 테크노밸리라는 형태로 도심과 공간을 공유하면서 직주근접개념의 첨단공장으로 발전하고 있다. 과거 공단지역의 주택가격이 약세였던 것과는 정반대로 테크노밸리 인근의 주택가격이 크게 오르는 현상이 나타나고 있다.

※용어해설: 단독주택

『건축법』에 의한 건축물 용도구분의 하나로 일반적으로 하나의 주택 안에 하나의 세대가 생활할 수 있는 구조로 된 주택.

단독주택은 일반적으로 한 세대가 단독으로 생활하기 위한 시설 및 규모를 갖춘 주택을 의미하지만, 『건축법』에 의한 건축물의 용도로서 단독주택은 일반적인 단독주택 외에도 다중주택, 다가구주택, 공관을 포함하는 개념이다.

『건축법』에 의한 건축물 용도로서 단독주택은 가정보육시설·공동생활가정 및 재가노인복지시설을 포함하는 다음을 말한다.

1. 단독주택 : 일반적인 단독주택
2. 다중주택 : 다음의 요건 모두를 갖춘 주택
   (가) 학생 또는 직장인 등 다수인이 장기간 거주할 수 있는 구조로 되어 있을 것
   (나) 독립된 주거의 형태가 아닐 것
   (다) 연면적이 330㎡ 이하이고 층수가 3층 이하일 것

3. 다가구주택 : 다음의 요건 모두를 갖춘 주택으로서 공동주
택에 해당하지 않는 것
(가) 주택으로 쓰이는 층수(지하층을 제외)가 3개층 이하일 것.
다만, 1층 바닥면적의 1/2 이상을 필로티 구조로 하여 주차
장으로 사용하고 나머지 부분을 주택 외의 용도로 사용하
는 경우에는 해당 층을 주택의 층수에서 제외한다.
(나) 1개동의 주택으로 쓰이는 바닥면적(지하주차장 면적을 제
외)의 합계가 660㎡ 이하일 것
(다) 19세대 이하가 거주할 수 있을 것

4. 공관 : 공적인 거처로 쓰이는 주택

『주택법』에서 말하는 주택은 『건축법』상의 단독주택과 공동주택을 말하며, 구분소유가 가능한 공동주택과 달리 단독주택은 단독소유만 가능하다.
(출처: 서울특별시 알기 쉬운 도시계획 용어)

※용어해설 : 공동주택
하나의 건축물 안에서 여러 세대가 생활할 수 있는 구조로 된 주택.
하나의 건축물의 벽·복도·계단·그 밖의 설비의 전부 또는 일부를 여러 세대가 공동으로 사용하면서 각 세대마다 독립된 주거

생활이 가능한 구조로 된 주택을 공동주택이라 한다. 공동주택의 가장 대표적인 형태가 아파트이며, 이외에 연립주택과 다세대주택이 있다.

『건축법』 시행령에 규정된 공동주택 용도에 해당하는 건축물 종류는 다음과 같다.

1. 아파트 : 주택으로 쓰이는 층수가 5개층 이상인 주택
2. 연립주택 : 주택으로 쓰이는 1개 동의 바닥면적(지하주차장 면적을 제외한다)의 합계가 660㎡를 초과하고, 층수가 4개층 이하인 주택
3. 다세대주택 : 주택으로 쓰이는 1개 동의 바닥면적(지하주차장 면적을 제외한다)의 합계가 660㎡ 이하이고, 층수가 4개층 이하인 주택
4. 기숙사 : 학교 또는 공장 등의 학생 또는 종업원 등을 위하여 사용되는 것으로서 공동취사 등을 할 수 있는 구조이되, 독립된 주거의 형태를 갖추지 아니한 것.

연립주택과 다세대주택은 건축규모(주택으로 쓰이는 연면적(延面積) 660㎡)를 기준으로 구분되며 연면적이 660㎡을 넘을 경우에는 연립주택이고 그 이하이면 다세대주택이다.

■ 연면적(延面積)

건물 각 층의 바닥 면적을 합한 전체 면적을 말하며 총면적 또

는 연건축면적과 같은 의미.

■ 다가구주택과 다세대주택의 차이

다가구주택은 『건축법』에 의한 건축물 용도상 단독주택이고 다세대주택은 공동주택이다. 즉 다가구주택은 단독소유이며 분양이 불가능하고, 다세대주택은 구분소유이고 분양이 가능하다는 점이 가장 큰 차이점이다. 또한 건물 규모 측면에서는 다가구주택의 경우 주택으로 사용하는 층수가 3층 이하이며 다세대주택은 4층 이하로 규정되어 있다.
(출처: 서울특별시 알기 쉬운 도시계획 용어)

※용어해설 : 지목

토지의 주된 용도에 따라 토지의 종류를 구분하여 지적공부(地籍公簿)에 등록한 것.

지목은 토지의 주된 사용목적을 구분한 것으로서 1910년 토지조사 당시 18개 지목으로 시작하여 현재는 아래와 같이 28개의 지목으로 구분되고 있다.

■ 지목 종류

전, 답, 과수원, 목장용지, 임야, 광천지, 염전, 대, 공장용지, 학교용지, 주차장, 주유소용지, 창고용지, 도로, 철도용지, 제방,

하천, 구거, 유지, 양어장, 수도용지, 공원, 체육용지, 유원지, 종교용지, 사적지, 묘지, 잡종지

지목은 토지 과세목적의 수단으로 활용되며, 토지의 경제적 가치를 표현하고 토지관련 정책정보를 제공하는데 이용된다. 개별 필지마다 하나의 지목이 설정되며, 만약 1필지가 2 이상의 용도로 활용될 때에는 주된 용도에 따라 지목이 설정된다. 또한 토지가 일시적인 용도로 사용되는 때에는 지목을 변경하지 않는다.

지적공부에 등록된 지목을 다른 지목으로 바꾸어 등록하는 것을 지목변경이라고 하는데 다음과 같은 경우에 지목변경을 신청할 수 있다.

1. 『국토의 계획 및 이용에 관한 법률』등 관계법령에 의한 토지의 형질변경 등의 공사가 준공된 경우
2. 토지 또는 건축물의 용도가 변경된 경우
3. 도시개발사업 등의 원활한 사업추진을 위하여 사업시행자가 공사 준공 전에 토지의 합병을 신청하는 경우

※용어해설 : 필로티(pilotis)

프랑스 건축가 '르 코르뷔지에'가 제창한 건축 양식으로, 건물을 지면보다 높이 받치는 기둥이라는 사전적 의미를 지닌다. 지상에 기둥이나 내력벽(건물 무게를 지탱하도록 설계된 벽)을 세워서 건물 전체나 일부를 지표면에서 띄워 지상층을 개방한 구조로 짓는 공법을 말한다. 지상층은 보행이나 주차, 차량 통행에 사용된다. 거주 부분이나 사무실은 지상을 왕래하는 사람과 차량의 동선에 방해가 되지 않는 2층 이상에 설계한다. 현대 건축 개념에서는 원래 목적뿐 아니라 멋스럽게 보이기 위해 사용한다. 일반 건물 현관에서 주차장을 위한 필로티 등을 흔히 볼 수 있다. 필로티를 사용한 대표 건물로는 파리의 스위스 학생회관, 마르세유의 아파트 등이 있으며 우리나라에서도 최근 일반 건물은 물론 아파트에까지 널리 쓰이고 있다.
(출처: 네이버 지식백과 / 시사경제용어사전, 2010. 11., 대한민국정부)

부동산은 종류별로 각각 성격이 달라요.

`1학기 3장` **제1절 부동산의 실무적 특성이란?**

I 부동산의 실무적 특성의 정의

1. 부동산의 실무적 특성의 정의

가. 부동산도 하나의 상품이다.
나. 부동산중개업소와 같이 거래하는 장소가 존재한다.
다. 부동산을 상품으로 취급하는 인력이 존재한다.
라. 한 번의 거래에 다양한 실무적 이해관계자가 생긴다.
마. 업무절차가 소홀하면 거래사고가 발생한다.
바. 거래사고에 대비한 보증보험업무가 수반된다.
사. 공인중개사 등 거래관련자에게는 법률적 책임이 뒤따른다.
아. 거래의 보상으로 합법적인 중개수수료가 발생한다.
자. 부동산실무투자능력과 고학력이 아니어도 가능하다.

2. 부동산거래에는 동시에 여러 가지 부수업무가 수반된다.

가. 세금관련업무가 연결된다.

나. 채권관련업무가 연결된다.
다. 임대차관련업무가 연결된다.
라. 경제분석업무가 연결된다.
마. 상권분석업무가 연결된다.
바. 대출업무가 연결된다.
사. 인테리어업무가 연결된다.
아. 등기업무가 연결된다.
자. 청약관련업무가 연결된다.
차. 소유권설정협의업무가 연결된다.

제2절 부동산의 실무적 특성

I 부동산의 실무적 특성

1. 거래성

가. 매도자와 매수자라는 거래의 당사자가 존재한다.
나. 대부분 중개업자 또는 중개법인의 도움을 받아 거래된다.
다. 제도적으로 거래절차가 정형화되어 있다.
라. 위약금을 지불하면 거래의 취소가 가능하다.

마. 공동명의 또는 집단명의로도 거래가 가능하다.
바. 종중땅 등 일부사례의 경우 명의신탁을 인정해 주기도 한다.

2. 투자성

가. 부동산을 매수했다가 매도할 때 양도차익이 발생할 수 있다.
나. 수익률로 우량부동산여부를 표현하기도 한다.
다. 부동산거래금액은 거액이므로 투자실패시 금융상품에 비하여 피해가 큰 편이다.
라. 정책적으로 투자성을 제고하기 위하여 일정부분 절세혜택을 부여하고 있다.
마. 부동산의 투자성은 금리, 물가 등의 경제지표의 변화에 따라 좋아지거나 나빠진다.
바. 같은 부동산이라도 건축연도에 따라 투자성에 차이가 난다.
사. 투자성은 신축기에 가장 높게 형성되다가 이후 노후화가 진행되면서 감가상각과 주변 상권쇠락 등으로 하락세가 나타나다가 멸실단계에 이르면 오히려 재건축 기대로 인하여 투자성이 큰 폭으로 상승하기도 한다.

3. 홍보성

가. 부동산도 하나의 상품이므로 홍보 또는 광고를 필요로 한다.
나. 소비자에게 전화 또는 전단지 형식으로 직접 홍보하기도 한다.

다. 부동산중개업소에 주변 매물을 게시한다.

라. 아파트분양과 같이 규모가 클 경우 언론매체를 이용하기도 한다.

마. 신문기사와 같은 언론매체를 활용하는 경우가 많아지고 있다. 부동산정보와 관련된 기사의 형식을 빌어 실제로는 특정 부동산마케팅 활동을 수행한다.

바. 직방이나 다방과 같은 부동산앱을 통하여 허위매물을 게재한 후 소비자의 전화를 유도하는 경우도 발생하고 있다.

사. 대규모의 아파트와 오피스텔 분양의 경우 단기간에 분양을 마치기 위하여 수 십 명의 분양상담사를 고용하여 길거리 홍보와 같은 적극적인 활동을 벌인다.

4. 비용성

가. 부동산은 취득단계부터 양도단계에 이르기까지 여러 가지 세금이 붙는다.

나. 부동산을 보유하면 건강보험료와 같은 부수적인 비용이 발생할 수 있다.

다. 부동산중개업소를 이용하여 거래할 경우 중개수수료가 발생한다.

라. 임대소득이 발생하면 종합소득세 납부대상이 된다.

마. 분양권전매거래시 분양가에 따라 붙는 프리미엄도 일종의 비용이라고 할 수 있다.

바. 일부 하자가 있는 부동산을 구입하면 가치증진을 위한 비용이 투입된다.

5. 분석성

가. 거래할 때 목적에 따른 투자분석절차가 필수로 수반된다.
나. 거래대상 부동산의 과거 시세분석을 한다.
다. 향후 매도할 시점의 시세를 예측한다.
라. 부동산의 매수 또는 매도시 주거용 부동산에 비하여 투자형 부동산을 훨씬 더 정밀하게 분석하게 된다.
마. 부동산분석의 시점 선정에 따라 결과가 달라질 수 있다.
바. 부동산분석의 대상자 분류에 따라 결과가 달라질 수 있다.

6. 분산성

가. 가정경제에서 보유자산을 분류할 때 일반적으로 부동산과 부동산이 아닌 자산으로 구별한다.
나. 자산규모가 크면 클수록 부동산도 두 종류 이상으로 분산보유한다.
다. 부동산을 두 종류 이상 보유한다면 지역과 시점을 분산하는 경우가 많다.
라. 자가주택보유자가 추가로 부동산을 보유한다면 비주택(수익성)부동산을 매수하거나 등기명의자를 분산하여 절세혜택을 기대할 수 있다.
마. 금융투자기법의 발달에 따라 MBS와 리츠 등과 같이 채권(금융)화 되는 경우도 있다.

7. 사후관리성

가. 부동산을 매수한다면 언젠가 매도할 때가 있으므로 매도조건에 대한 사후관리가 요구된다.
나. 계약시점에서는 잔금시점까지의 사후관리가 필요하고 잔금을 치르고 소유권보존(이전)등기를 할 경우에 세금, 채권, 거래조건의 이행 등의 사후관리가 필요하다.
다. 부동산은 소유자가 사망시 상속재산에 포함되므로 사전증여와 비교하는 등 사후관리가 필요하다.
라. 대출을 이용할 경우 향후 금리변화에 대한 사후관리가 필요하다.
마. 매수한 부동산의 주변환경변화에 대한 사후관리가 필요하다.
바. 투자목적으로 부동산을 매수한다면 사전에 기대수익률을 정해놓고 매도타이밍을 기다리는 것이 투자회전율을 높이는 전략이다.

※용어해설 : 부동산중개보수요율

주택(주택의 부속토지, 주택분양권 포함) (서울특별시 주택중개보수 등에 관한 조례 제2조, 별표1)

(2015. 4. 14 시행)

거래내용	거래금액	상환요율	한도액	중개보수 요율결정	거래금액 산정
매매·교환	5천만원 미만	1천분의 6	25만원	▶ 중개수수료는 거래금액X상한요율 이내에서 결정 (단, 이때 계산된 금액은 한도액을 초과할 수 없음)	▶ 매매 : 매매가격 ▶ 교환 : 교환대상 중 가격이 큰 중개대상물 가격
	5천만원 이상 ~2억원 미만	1천분의 5	80만원		
	2억원 이상 ~6억원 미만	1천분의 4	없음		
	6억원 이상 ~9억원 미만	1천분의 5	없음		
	9억원 이상	1천분의 ( )이내		▶ 상한요율 1천분의 9이내에서 개업공인중개사가 정한 좌측의 상한요율 이내에서 중개의뢰인과 개업공인중개사가 서로 협의하여 결정함	
임대차 등 (매매·교환 이외)	5천만원 미만	1천분의 5	20만원	▶ 중개수수료는 거래금액X상한요율 이내에서 결정 (단, 이때 계산된 금액은 한도액을 초과할 수 없음)	▶ 전세 : 전세금 ▶ 월세 : 보증금+ (월차임액100) 단, 이때 계산된 금액이 5천만원 미만일 경우 : 보증금+ (월차임액X70)
	5천만원 이상 ~1억원 미만	1천분의 4	30만원		
	1억원 이상 ~3억원 미만	1천분의 3	없음		
	3억원 이상 ~6억원 미만	1천분의 4	없음		
	6억원 이상	1천분의 ( )이내		▶ 상한요율 1천분의 8이내에서 개업공인중개사가 정한 좌측의 상한요율 이내에서 중개의뢰인과 개업공인중개사가 서로 협의하여 결정함	

※ 분양권의 거래금액 계산 : [거래당시까지 불입한 금액(융자포함)+프리미엄]X상한요율

오피스텔 (공인중개사법 시행규칙 제20조제4항)

(2015. 1. 6 시행)

거래내용	거래금액	상한요율	보수 요율 결정 및 거래금액 산정
전용면적 85㎡이하, 일정설비(전용입식 부엌, 전용수세식 화장실 및 목욕시설 등)를 갖춘 경우	매매·교환	1천분의 5	「주택」과 같음
	임대차 등	1천분의 4	
위 적용대상 외의 경우	매매·교환·임대차 등	1천분의 ( ) 이내	▶상한요율 1천분의 9 이내에서 개업공인중개사가 정한 좌측의 상한요율 이내에서 중개의뢰인과 개업공인중개사가 서로 협의하여 결정함

주택·오피스텔 외(토지, 상가 등) (공인중개사법 시행규칙 제20조제4항)

거래내용	상한요율	중개보수 요율 결정	거래금액 산정
매매·교환·임대차 등	1천분의 ( ) 이내	▶상한요율 1천분의 9 이내에서 개업공인중개사가 정한 좌측의 상한요율 이내에서 중개의뢰인과 개업공인중개사가 서로 협의하여 결정함	「주택」과 같음

※ 개업공인중개사는 「주택의 매매·교환 9억원 이상」, 「주택의 임대차 6억원 이상」, 「오피스텔(전용면적85㎡ 이하로 일정설비를 갖춘 경우 제외)」, 「주택·오피스텔 외(토지·상가 등)의 매매·교환·임대차」에 대하여 각각 법이 정한 상한요율의 범위 안에서 실제로 받고자 하는 상한요율을 의무적으로 표에 명시하여야 함
※ 위 중개보수에 「부가가치세」는 별도임

(출처: 서울특별시 서울부동산정보광장)

1학년

2학기

1장. 부동산은 투자할 때 위험이 있어요.
2장. 부동산은 통계로 보면 더 잘보여요.

부동산은 투자할 때 위험이 있어요.

2학기 1장 제1절 부동산이란?

I 부동산의 실무적 위험 정의

1. 부동산물건 평가오류의 위험

가. 소비자가 구입 또는 투자하려는 부동산물건의 운용목적에 부합하지 않을 위험이다.
나. 부동산물건 고유의 기능에 위배되는 평가를 하는 위험이다.
다. 대상물건을 평가할 때 평가기준과 평가시점의 미스매칭 위험이다.
라. 무자격자가 대상물건을 평가할 때 발생할 수 있는 위험이다.
마. 사전에 미리 주관적인 답을 만들어 놓고 꿰어맞추기식의 평가를 하는 위험이다.
바. 활용목적이 결여된 오직 평가만을 위한 평가를 하는 위험이다.

2. 거래사고의 위험

가. 소비자가 원하는 물건을 구입하지 못할 위험이다.
나. 소비자가 원하는 물건을 구입하기는 하지만, 기대와는 달리 흠결이 있거나 비싼 가격에 구입할 위험이다.

다. 정상적인 계약절차를 이행했지만 소유권을 확보하지 못할 위험이다.
라. 대상물건에 대한 공적장부상 권리분석이 올바르게 수행되지 못할 위험이다.
마. 하자가 있는 부동산을 보완하기로 구두(특약)계약한 후 취득했으나 계약사항이 이행되지 않을 위험이다.
바. 매도한 측에서 볼때 잔금을 모두 수령하지 못한 상태에서 부동산이 인도되는 위험이다.

3. 가격변화의 위험

가. 매수자의 입장에서 매수 후 가격이 하락할 위험이다.
나. 매도자의 입장에서 매도 후 가격이 상승할 위험이다.
다. 매수 및 매도를 원하는 시점에 가격을 예측하지 못할 위험이다.
라. 대상물건이 물가상승률을 따라가지 못할 위험이다.
마. 미래의 일정시점에서 예상(기대)하는 가격이 형성되지 않을 위험이다.
바. 보유기간 동안 가격의 변동폭이 위아래로 지나치게 커질 위험이다.

4. 환금성제약의 위험

가. 보유하고 있는 부동산물건을 원하는 시점에 매도하지 못할 위험이다.
나. 매도할 수는 있으나 턱없이 적은 금액으로 거래될 위험이다.
다. 대상물건에 대한 대출을 받을 수 없거나 대출한도가 적어질 위험이다.
라. 대상물건 자체의 하자는 없으나 공동소유 또는 분쟁 등으로 매도하지 못할 위험이다.

2학기 1장 제2절 부동산의 실무적 위험 대처방안

I 부동산의 실무적 위험 대처방안

1. 부동산물건 평가오류위험의 대처방안

가. 소비자 또는 투자자의 입장에서 구입 또는 투자하려는 부동산물건의 목적을 재확인한다.

나. 부동산물건 고유의 기능에 적합한 평가방식을 채택한다.

다. 대상물건을 평가할 때는 반드시 사전에 평가기준을 설정하고, 미래의 특정시점과 평가시점을 매칭한다.

라. 부동산관련 자격과 경력을 충분히 갖춘 유자격자에게 대상물건에 대한 평가를 의뢰한다.

마. 만약 평가오류로 인하여 잘못된 부동산을 매수했다면 투자자가 직접 이용하는 경우도 고려해 두어야 한다.

2. 거래사고위험의 대처방안

가. 소비자의 입장에서 원하는 물건이 나타나지 않으면 구입하지 않는다.

나. 계약금을 지불하기 전에 대상물건에 하자가 있는지 가격은 적정한지를 체크리스트를 만들어서 검토해본다.

다. 공적장부(등기사항전부증명서 등)와 인근주민의 진술, 평소에 납부했던 재산세영수증 등을 확인하여 진정한 소유자인지 확인해본다. 특히 매도자의 진정성이 의심스럽거나 건축연한이 오래된 건물은 반드시 말소등기를 포함한 등기사항전부증명서를 떼어본다.

라. 부동산전문가의 도움을 받아 대상물건의 공적장부에 대한 권리분석을 치밀하게 수행한다.

마. 거래하는 날짜는 수표의 진위 또는 대출금 이용 등의 확인이 가능한 은행영업일에 맞추는 것이 좋다.

3. 가격변화위험의 대처방안

가. 매수자의 입장에서는 대상물건의 건축시점부터의 실거래가격변화를 체크해본다.

나. 매도자의 입장에서는 향후 대상입지의 교통, 자족시설 등 환경변화를 체크해본다.

다. 미래의 부동산시세를 정확하게 예측하는 것은 사실상 불가능에 가까우므로 평상시 희망하는 가격대를 사전에 지정해놓고 해당가격에 도래했을 때 매수 및 매도를 실행한다.

라. 부동산가격의 핵심요소인 국지적 입지에 충실한 물건확보를 통하여 물가상승률을 초과하는 가격상승률을 확보한다.

마. 대상물건과 비교가능한 물건이나 해당 지역내 랜드마크형 물건의 가격변화를 체크해본다.

4. 환금성제약위험의 대처방안

가. 매수자의 입장에서는 매수시점부터 매도할 조건과 타이밍을 사전에 설정해 놓는다.
나. 매도가격이 기대에 현저히 못미칠 경우에는 자금사정 등을 고려하여 처음부터 실소유 또는 실거주할 수 있는 물건을 매수한다.
다. 맹지 또는 법정지상권문제 등의 개별물건 자체에 하자가 없으면서 금융기관의 대출취급요건을 충족하는 물건을 매수한다.
라. 100% 자기자본인 여윳돈으로 물건을 매수하지 못할 경우에는 향후 분쟁 발생에 대비하여 매도조건을 명시한 공증계약서를 받아둔다.
마. 환금성제약이 심한 부동산은 규모와 금액이 큰 경우가 많으므로 가급적 중소형물건을 매수한다.

※용어해설 : 부동산 주요 공적장부
부동산과 관련하여 국가기관에서 공식적으로 작성한 장부를 공적장부라고 부른다. 6가지를 주요장부로 일컫는데 등기사항전부증명서, 건축물대장, 토지이용계획확인서, 토지대장(임야대장), 지적도(임야도), 개별공시지가확인원이다.
총 18종의 부동산 관련 정보를 모두 포함해 1장으로 부동산종합증명서를 발급해준다. 공적장부는 시·군·구청이나 주민센터에 가면 발급받을 수 있는데 직접 방문해도 되지만 인터넷으로도 발급받을 수 있다.

1. 등기사항전부증명서

부동산에 관한 소유 및 권리관계, 현황이 기재되어 있다. 지번, 지목, 구조, 면적 등의 현황과 소유권, 가등기, 예고등기, 저당권, 전세권, 가압류 등 여러 가지 권리설정 여부를 확인할 수 있어서 매수시 꼭 확인해야 한다.

2. 건축물대장

건축물의 주소, 대지면적, 연면적, 건축면적, 용도지역, 용도지구, 용도구역, 전용면적, 구조, 용도, 층수, 건폐율, 용적률, 층별 구조와 업종이 표시된 건축물 현황과 소유자 현황, 건축주, 설계자, 주차장, 승강기, 위반건축물 등 건축물에 대한 정보를 기재한다. 일반건축물대장과 집합건축물대장으로 구분된다.

3. 토지이용계획확인서

토지의 이용용도 및 행위 제한에 대한 내용이 기재되어 있다. 해당 토지에 적용된 규제 여부를 확인한 뒤 자신이 원하는 용도로 활용 가능한지 확인해야 한다. 각 용도지역별로 건폐율, 용적률, 대지의 분할 제한이 다르게 적용되기 때문에 반드시 확인해야한다.

4. 토지대장(임야대장)

토지의 소재, 면적 지목, 토지등급, 개별공시지가, 소유자의 성명·주소·주민등록번호 등의 토지의 상황을 기재한다. 임야대장과 토지대장의 지번지역이 같을 수는 있지만 임야대장에는 지번 앞에 '산'을 표기한다.

5. 지적도(임야도)

토지의 위치, 형질, 소유관계, 면적, 지목, 지번, 경계 등을 기록한 지도다. 토지대장에 실린 소유권, 지적번지 등의 정보를 경계선과 함께 보여준다. 지적도를 통해 토지의 모양을 쉽게 파악할 수 있는데, 정사각형 모양이고 주변 도로가 있을수록 토지의 가치가 높다.

6. 개별공시지가확인원

표준공시지가를 기준으로 산정한 개별 토지에 대한 단위면적당 가격이다. 개별토지의 용도(주거용·상업용·공업용 등), 교통조건, 토지이용규제 등에 따라 가격이 결정된다.

부동산은 통계로 보면 더 잘보여요.

제1절 부동산의 실무적 통계활용하기

I 부동산의 실무적 통계활용하기

1. 100대 통계지표(한국은행)

가. 한국은행에서 선정관리하고 있는 100대 통계지표 가운데 부동산관련 통계를 관찰하면 부동산안목형성에 큰 도움이 된다.

나. 통계청의 국내통계에서 주제별통계를 관찰하면 부동산안목형성에 큰 도움이 된다.

다. 주택부문은 국민은행 부동산 사이트가 활용도 측면에서 유용하다.

2. 한국은행사이트의 100대 통계지표 중 주요 부동산통계의 종류

가. '국민소득·경기·기업경영'의 '건설투자증감률' 항목을 상세히 살펴본다.

나. '산업활동·소비·투자'의 '건축허가면적', '건축착공면적', '건설수주액', '건설기성액' 항목을 상세히 살펴본다.

다. '금리'의 '예금은행 대출금리' 항목을 상세히 살펴본다.
라. '물가'의 '주택매매가격지수', '주택전세가격지수', '지가변동률(전기대비)' 항목을 상세히 살펴본다.
마. '경제관련 사회통계'의 '주택보급률' 항목을 상세히 살펴본다.

3. 통계청사이트의 주요 부동산통계의 종류

가. 통계청사이트의 국내통계--〉주제별통계의 대분류를 살펴본다.
나. 주제별통계 '인구·가구'에서 '인구이동', '장래인구추계', '장래가구추계' 항목을 상세히 살펴본다.
다. 주제별통계 '물가·가계'에서 '가구당 월평균 가계수지' 항목을 상세히 살펴본다.
라. 주제별통계 '건설·주택·토지'에서는 3대 영역의 모든 항목을 상세히 살펴본다.
마. 주제별통계 '경기·기업경영(사업체)' '경기종합지수', '경제심리지수' 항목을 상세히 살펴본다.

제2절 부동산의 실무적 통계의 이용

I 부동산의 실무적 통계의 이용

1. 한국은행 통계지표의 이용

가. 한눈에 광범위한 통계정보를 알 수 있다.
나. 통계자료 중 부동산에 관련된 부분을 발표주기(연, 분기, 월, 일)에 맞춰 열람해본다.

2. 통계청 통계지표의 이용

가. 한국은행의 통계자료에 비하여 보다 다양하고 정밀하므로 체계적인 열람이 요구된다.
나. 열람한 통계자료를 월단위로 정리한다.
다. 개별적인 통계자료를 종합적인 시각으로 압축하여 관심사항과 관계성을 연결해본다.

제3절 부동산의 실무적 통계의 응용

I 부동산의 실무적 통계의 이용

1. 부동산의 실무적 통계의 응용

가. 주요 부동산 통계 사이트를 메인컴퓨터의 즐겨찾기에 등록한다.

나. 열람해본 부동산관련 통계자료 중 시계열적으로 의미가 있는 자료는 별도로 저장해둔다.

다. 엑셀프로그램을 활용하여 부동산관련 다양한 통계자료를 입체적으로 살펴보고 매매 또는 투자 의사결정의 보조자료로 활용할 수 있다.

라. 부동산관련 신문기사를 스크랩 한 후 확보한 부동산통계자료와 기사의 제목과도 연결해본다.

마. 같은 통계대상이라고 하더라도 작성기관과 작성시점에 따라서 다른 결과를 보여주므로 통계라는 숫자 자체보다는 해당 통계를 둘러싸고 있는 사회현상을 읽어내는 노력이 필요하다.

2. 부동산의 실무적 통계의 생성

가. 권위있는 기관에서 작성한 부동산통계를 참고하여 투자자맞춤형 통계를 간추려본다.

나. 투자자 본인의 과거 투자경험을 수치화하면 그 자체로도 유용한 시계열적 통계자료가 된다.

※용어해설 : 100대 통계지표(한국은행 / 2016.12.26. 현재)

국민소득·경기·기업경영	
분 경제성장률(실질, 계절조정 전기대비)('16.3/4)	+0.6%
분 민간소비증감률(실질, 계절조정 전기대비)('16.3/4)	+0.5%
분 설비투자증감률(실질, 계절조정 전기대비)('16.3/4)	+0.2%
분 건설투자증감률(실질, 계절조정 전기대비)('16.3/4)	+3.5%
분 GDP(명목, 계절조정)('16.3/4)	407,326.1십억원
분 GDP디플레이터('16.3/4)	109.2(2010=100)
년 1인당 GNI('15)	27,340달러
분 총저축률('16.3/4)	34.8%
분 국내총투자율('16.3/4)	29.9%
분 수출입의 대 GNI 비율('16.3/4)	79.3%
월 제조업황실적 BSI('16.11)	72
월 소비자심리지수('16.11)	95.8
월 경기동행지수순환변동치('16.10)	100.6
월 경기선행지수순환변동치('16.10)	101.0
년 제조업부채비율('15)	85.5%
년 제조업매출액세전순이익률('15)	5.1%
년 제조업매출액증감률('15)	−3.0%

산업활동·소비·투자

월	전산업생산지수(농림어업제외)('16.10)	113.7 (2010=100)
월	제조업생산지수('16.10)	111.3 (2010=100)
월	제조업출하지수('16.10)	110.9 (2010=100)
월	제조업재고지수('16.10)	127.6 (2010=100)
월	제조업가동률지수('16.10)	90.8 (2010=100)
월	서비스업생산지수('16.10)	116.9 (2010=100)
월	도소매업지수('16.10)	115.4 (2010=100)
월	자동차판매업지수('16.10)	146.9 (2010=100)
월	소매판매액지수('16.10)	124.1 (2010=100)
월	개인신용카드사용액('16.09)	41,490.7십억원
월	설비투자지수('16.10)	107.1 (2010=100)
월	국내수요기계수주액('16.10)	1,881.8십억원
월	기계류내수출하지수('16.10)	92.9 (2010=100)
월	건축허가면적('16.10)	14,637 천㎡
월	건축착공면적('16.10)	11,797 천㎡
월	건설수주액('16.10)	14,652.0십억원
월	건설기성액('16.10)	10,205.6십억원

고용·임금·가계	
월 경제활동인구('16.11)	27,446 천명
월 취업자수('16.11)	26,592 천명
월 실업률('16.11)	3.1 %
월 고용률('16.11)	61.1 %
분 시간당명목임금증감률(전년동기대비)('16.2/4)	+3.9 %
분 노동생산성증감률(전년동기대비)('16.2/4)	+0.6 %
분 단위노동비용증감률(전년동기대비)('16.2/4)	+3.0 %
분 가구당월평균소득('16.2/4)	4,726,952 원

금리	
일 콜금리(익일물) ('16.12.23)	1.24 연%
일 KORIBOR(3개월) ('16.12.26)	1.49 연%
일 CD수익률(91일) ('16.12.23)	1.54 연%
일 통안증권수익률(364일) ('16.12.23)	1.57 연%
일 국고채수익률(3년) ('16.12.23)	1.67 연%
일 국고채수익률(5년) ('16.12.23)	1.81 연%
일 회사채수익률(3년, AA−) ('16.12.23)	1.67 연%
월 예금은행 수신금리 ('16.10)	1.41 연%
월 예금은행 대출금리 ('16.10)	3.29 연%
일 LIBOR(U$, 3개월) ('16.12.23)	1.00 연%
일 미국국채수익률(10년) ('16.12.23)	2.54 연%

통화·금융

월	M1(협의통화, 평잔) ('16.10)	753,367.3 십억원
월	M2(협의통화, 평잔) ('16.10)	2,391,059.2 십억원
월	Lf(평잔) ('16.10)	3,305,950.4 십억원
월	L(말잔) ('16.10)	4,210,574.2 십억원
월	예금은행총예금(평잔) ('16.10)	1,215,595.4 십억원
월	예금은행대출금(평잔) ('16.10)	1,417,969.6 십억원
분	가계신용('16.3/4)	1,295,753.1 십억원
월	가계대출연체율 ('16.09)	0.3 %

물가

월	소비자물가지수 ('16.11)	111.35 (2010=100)
월	농산물 및 석유류제외 소비자물가지수 ('16.11)	113.2 (2010=100)
월	생활물가지수 ('16.11)	108.6 (2010=100)
월	생산자물가지수 ('16.11)	99.90 (2010=100)
월	수출물가지수 ('16.11)	84.0 (2010=100)
월	수입물가지수 ('16.11)	79.7 (2010=100)
월	주택매매가격지수 ('16.11)	101.3 (2010=100)
월	주택전세가격지수 ('16.11)	101.5 (2010=100)
월	지가변동률(전기대비) ('16.10)	+0.252 %
일	국제유가(Dubai) ('16.12.23)	51.45 달러/bbl

증권

일	코스피 ('16.12.23)	2,035.90 (1980.01.04=100)
일	코스닥지수 ('16.12.23)	619.75 (1996.07.01=100)
월	주식거래대금 ('16.11)	98,079.1 십억원
월	고객예탁금 ('16.11)	21,607.5 십억원
월	채권거래대금 ('16.11)	198,519.9 십억원
월	주식발행액 ('16.10)	1,178.3 십억원
월	회사채발행액 ('16.10)	8,687.8 십억원
월	국고채발행액 ('16.10)	7,315.0 십억원
월	어음부도율 ('16.11)	0.01%

국제수지 · 대외거래

월	경상수지 ('16.10)	8,719.3 백만달러
월	금융계정 ('16.10)	+7,044.3 백만달러
분	대외채무 ('16.3/4)	400,382 백만달러
월	직접투자(자산) ('16.10)	+2,621.8 백만달러
월	직접투자(부채) ('16.10)	+1,263.7 백만달러
월	수출금액지수 ('16.11)	119.1 (2010=100)
월	수입금액지수 ('16.11)	104.8 (2010=100)
월	순상품교역조건지수 ('16.11)	101.6 (2010=100)

환율·외환보유

일	원/달러 환율(매매기준율) ('16.12.26)	1,202.90 원
일	원/달러 환율(종가) ('16.12.23)	1,203.00 원
일	원/위안 환율(매매기준율) ('16.12.26)	173.14 원
일	원/위안 환율(종가) ('16.12.23)	173.00 원
일	원/엔(100엔) 환율 ('16.12.26)	1,025.97 원
일	원/유로 환율 ('16.12.26)	1,257.99 원
월	외환보유액 ('16.11)	3,719.9 억달러

경제관련 사회통계

년	추계인구 ('16)	50,801,405 명
월	자동차등록대수 ('16.11)	21,744,470 대
년	주택보급률 ('14)	103.5 %
년	지니계수 ('15)	0.295
분	교육비지출률 ('16.2/4)	9.8 %
분	보건의료비지출률 ('16.2/4)	6.8 %

2학년

부동산은 우리 생활에 어떤 영향을 미치나요?

2학년

1학기

1장. 부동산은 살아가면서 제일 중요한 자산입니다.
2장. 부동산가격은 경기사이클과 관련이 있어요.

부동산은 살아가면서 제일 중요한 자산입니다.

2학기 1장 제1절 가정경제에서 차지하는 부동산의 위치 파악

I 가정경제에서 차지하는 부동산의 위치 파악

1. 가정경제를 구성하는 주요 자산의 종류

(1) 부동산자산

가. 부동산자산은 일반적으로 가정경제에서 가장 큰 금액의 자산이고, 크게 주거용과 상업용 그리고 토지로 구분한다.

나. 종류 : 단독주택, 아파트, 오피스텔, 리모델링주택, 재건축, 재개발, 상가, 토지가 대표적이다.

다. 재건축이나 재개발의 경우는 입주권의 형태로 투자하기도 한다.

라. 국민소득이 높아지면서 주택과 같은 부동산 소유여부에 따라 빈익빈부익부현상이 심화되고 있다.

마. 일부지역에서는 거주(소유)하는 주택의 입지와 형태에 따라 자본주의적 양극화 또는 재무적으로 계급화되는 사회가 형성되고 있다.

(2) 금융자산

가. 저축상품 : 가입기간이 1~6개월 정도로 짧다. 표지어음, CD, MMF, R P가 대표적이다.

나. 신탁상품 : 80~90년대 풍미했던 은행권의 대표적 실적배당상품들이다. 대부분 절판되었고 현재는 특정금전신탁(맞춤형, 분리과세형) 정도만이 활발하게 가입되고 있다.

다. 예금상품 : 가장 전통적인 금융상품이다. 정기예금, 주택청약종합저축, 예탁금, 출자금, 외화정기예금이 대표적이다.

라. 입출식상품 : 사업을 하거나 월급을 관리하는 대표적인 상품이다. 보통예금, CMA, MMDA, 외화보통예금이 대표적이다.

마. 적금상품 : 최초에 종잣돈을 목돈으로 만드는 최적의 상품이다. 정기적금, 청약저축, 청약부금, 장학적금, 장기주택마련저축, 외화적립식예금이 대표적이다.

바. 채권상품 : 부유층의 필수포트폴리오 상품이다. 국공채, 금융채, 회사채, 후순위채가 대표적이다.

사. 파생상품 : 운용방식이 대외비이며 주가지수나 선물, 옵션과 같은 곳에 투자한다. ELD, ELS, ELF, ELB, DLB 등이 대표적이다.

아. 펀드상품 : 주식과 채권을 기초자산으로 하는 대표적인 실적배당상품이다. 펀드라는 명칭은 생략하고 예를 들면 거치식, 국공채, 뮤추얼, 배당주, 상장지수, 엄브렐러, 원자재, 인덱스, 재간접, 적립식, 해외, 회사채 그리고 수익증권 등이 대표적이다.

자. 보험상품 : 연금 및 보장자산으로 잘 알려진 금융상품이다. 보험이라는 명칭은 생략하고 예를 들면 실손, 건강, 교육, 기타손해, 연금,

저축성, 보장성, CI, 변액연금, 변액종신, 변액유니버셜적립 등이 대표적이다.

(3) 실물자산
가. 부동산과 금융상품을 제외한 자산이다.
나. 종류는 금, 미술품, 보석, 회원권, 자동차, 해외통화 등이 있다.

(4) 비재무자산
가. 돈으로 환가할 수 없지만 그 가정만의 고유한 가치관과 가풍이 녹아 있어 매우 가치로운 자산이다.
나. 종류는 명예, 몸 및 건강, 자격증 및 저작권, 직업 및 직장, 가훈, 가문, 행복의 추억 등이 있다.

2. 가정경제에서 차지하는 부동산의 위치 파악

(1) 가정경제를 구성하는 자산별 비중
가. 통계청 가계금융복지조사(2016년 3월말 기준)에 따르면 우리나라 가구당 평균보유자산은 3억 6,187만원, 평균부채는 6,655만원으로 나타났다.
나. 자산은 금융자산 26.0%(9,400만원)와 실물자산 74.0%(2억 6,788만원)로 구성되었고, 부채는 금융부채 70.4%(4,686만원)와 임대보증금 29.6%(1,968만원)로 구성되었다.
다. 전체가구의 68.0%가 3억원 미만의 순자산을 보유하며, 10억원 이상인 가구는 4.5%였다.

라. 부채를 차감한 가구당 평균순자산은 2억 9,533만원이고, 가구당 순자산의 중앙값은 1억 7,563만원이다.

(2) 가정경제에서 차지하는 부동산의 위치

가. 가구당 보유자산 중 74%인 2억 6,788만원이 실물자산인데, 이중 1억 4,244만원이 거주주택이고 1억 785만원이 주택이외 부동산이다.

나. 백분율로 살펴본다면 부동산보유비중은 69.16%에 달하는 것으로 나타났는데, 가구당 평균자산대비 거주주택의 비중은 39.36%이고 비거주주택의 비중은 29.80%로 나타났다. 반면, 금융자산은 26%에 불과하여 부동산을 중심으로 한 실물자산의 비중이 절대적으로 높았다.

2학기 1장 | 제2절 가정경제에서 차지하는 부동산의 비중 조절하기

I 가정경제에서 차지하는 부동산의 비중 조절하기

1. 부동산의 비중을 줄여야 한다.

가. 거주주택의 크기를 줄이는 것을 검토해야 한다. 가령 방 3칸짜리 아파트인 경우 거주지역안에서 방2칸짜리로 옮기는 것만으로도 상당한 금액의 현금을 마련할 수 있다. 이렇게 마련한 현금은 소비재원이 아닌 평생동안 유지될 현금흐름확보의 재원으로 활용해야 한다.

나. 거주주택의 형태를 바꾸는 것을 검토해야 한다. 가령 주택이 아파트인 거주자는 교통입지가 뛰어난 곳의 저렴한 주거용 상업시설(오피스텔, 주상복합 등)로 축소이전하는 것만으로도 상당한 금액의 현금을 마련할 수 있다.

다. 나대지 또는 빈상가와 같은 무(저)수익성 부동산의 비중을 과감히 줄여야 한다. 특히 거주주택의 경우 총자산의 50%를 넘지 않는 가격선에서 구입하거나 관리할 필요가 있다.

2. 금융상품의 비중을 높여야 한다.

가. 보유 부동산의 규모를 줄였다면 확보된 현금만큼 금융상품에 투자

하여 금융상품의 비중을 높여야 한다.
나. 이자나 배당 등의 금융소득은 다시 금융상품에 재투자해야 한다.
다. 금융상품은 절세형상품위주로 구성하되 목적자금, 생활비 등 용도별로 구분하여 관리하는 것이 좋다.

3. 소득증가분을 금융상품으로 쌓아야 한다.

가. 현재 발생하는 소득의 잉여분은 월적립식 금융상품에 가입하여야 한다.
나. 현재 보유중인 거치식 금융상품의 이자는 다시 월적립식 금융상품으로 모아야 한다.
다. 연말정산이나 종합소득신고시 확보되는 세금환급분은 연단위 금융상품에 가입해야 한다.
라. 적립식 금융상품에 가입할 때는 약정수익률이나 기대수익률보다 매월 적립되는 원금 자체의 크기를 중요시해야 한다.

4. 부동산을 현금흐름화해야 한다.

가. 보유중인 부동산의 일부를 공실우려가 없는 우량입지의 수익형부동산으로 대체하여 월세소득을 발생시켜야 한다.
나. 주택연금과 같은 제도를 적극적으로 이용해야 한다.
다. 보유부동산을 현금화 한 후에 다시 부동산에 재투자하는 것보다 유동성 제고를 위하여 해당자금으로 부동산관련 금융상품(펀드와 채권 등)에 투자하는 것도 고려해야 한다.

※용어해설 : 주택연금(住宅年金, reverse mortgage loan / 2016년 기준)

일명 '역모기지론'이라고 하며 주택을 담보로 연금을 지급받을 수 있는 상품으로 지급받는 방법에 따라 정액형, 증가형, 감소형으로 나뉜다.

가입요건은 다음과 같다.
① 가입가능연령
주택소유자 또는 배우자가 만60세 이상(근저당권 설정일 기준)
※ 확정기간 방식은 주택소유자 또는 배우자가 만60세 이상인 자 중 연소자가 만 55세 ~ 만 74세
② 주택보유수
아래 중 하나에 해당(부부기준)
- 1주택을 소유하신 분
- 보유주택 합산가격이 9억원 이하인 다주택자인 분
  (상기 외 2주택자는 3년 이내 1주택 처분조건으로 가입 가능)
우대방식의 경우 부부기준 1주택만 가입 가능
- 보유주택 합산가격이 1.5억원 이하인 다주택자가 처분조건으로 가입은 불가함
③ 대상주택
시가 9억원 이하의 주택 및 지방자치단체에 신고된 노인복지주택

(상가 등 복합용도주택은 전체 면적 중 주택이 차지하는 면적이 1/2 이상인 경우 가입가능)
※ 확정기간방식은 노인복지주택 제외
우대방식의 경우 1.5억원 이하 주택만 가입 가능
④ 거주요건
주택연금 가입주택을 가입자 또는 배우자가 실제 거주지로 이용하고 있어야 함
※ 해당주택을 전세 또는 월세로 주고 있는 경우 가입 불가
(단, 부부 중 한 명이 거주하며 보증금 없이 주택의 일부만을 월세로 주고있는 경우 가입 가능)
⑤ 채무관계자 자격
채무관계자(주택소유자 및 배우자)는 의사능력 및 행위능력이 있어야 주택연금 가입 가능
채무관계자가 치매 등의 이유로 의사능력 또는 행위능력이 없거나 부족한 경우, 보호자는 '성년후견제도'를 이용할 수 있음

만 60세 이상(주택소유자 또는 배우자)의 고령자가 소유주택을 담보로 맡기고 평생 혹은 일정한 기간 동안 매월 연금방식으로 노후생활자금을 지급받는 국가 보증의 금융상품(역모기지론)이다. 매달 고정적인 생활자금을 연금식으로 받는 장기주택저당대출이다.

2007년부터 한국주택금융공사(HF공사)가 운영해 오고 있는데, HF공사의 심사를 거쳐 보증서를 발급받은 뒤 시중금융사에서 대출 약정을 체결하면 된다. 연금은 가입 당시 집값을 기준으로 매년 물가상승률을 감안하여 계산하므로, 부동산 경기 침체 시에는 주택가격 하락에 따른 자산감소 위험을 감소시킬 수 있으며, 향후 집값이 올랐을 때는 중도 상환 수수료 없이 중도에 상환하고 계약을 해지할 수 있다(다만 초기보증료는 환급되지 않음). 특히 주택연금은 국가가 연금 지급을 보증하므로 연금지급 중단의 위험이 없다는 장점을 가진다.

주택연금은 양도성예금증서(CD) 금리에 낮은 가산금리를 더한 수준이라 일반주택 담보대출 금리보다 낮은 금리를 적용한다. 주택연금 지급정지 사유로는 본인 및 배우자 모두 사망, 화재 등으로 인한 담보주택 소유권 상실, 본인이 사망 후 배우자가 6개월 이내에 소유권이전등기 및 채무인수를 하지 않는 경우, 1년 이상 담보주택에서의 미거주 등이 해당된다.

(출처: 한국주택금융공사, 네이버 지식백과 / 시사상식사전, 박문각)

부동산가격은 경기사이클과 관련이 있어요.

1학기 2장 제1절 경기사이클의 이해

I 경기사이클이란?

1. 경기사이클의 이해

(1) 경기사이클의 개념

가. 경기는 국민경제의 총체적인 활동수준으로 실물부문, 금융부문, 해외부문의 활동을 망라한 거시경제변수들의 움직임이 종합적으로 반영된 것이다.

나. 우리나라의 경기는 몇 가지 고유한 특징을 지니면서 3년~5년 주기로 순환하는 경향이 있다.

다. 경기순환은 확장기와 수축기로 대별할 수 있으며 확장기는 경기회복과 경기호황 상태를 나타내고 수축기는 경기둔화와 경기침체 상태를 나타낸다.

라. 따라서 경기사이클은 경기둔화기, 경기침체기, 경기회복기, 경기호황기의 4국면으로 나타난다.

마. 경기사이클을 읽는 핵심은 경기의 저점과 정점의 터닝포인트를 파악하는 것이다.

바. 일반적으로 경기사이클은 불황기보다 호황기가 약 2배 정도 긴 편이다.
사. 경기사이클이 반복되기는 하지만 매 사이클의 기술수준과 시대적인 상황은 모두 다르다.

(2) 경기순환의 특징

가. 경기는 수시로 호황과 불황을 넘나드는 변동성이 있다.
나. 끊임없이 상승과 하락을 반복하는 지속성이 있다.
다. 경기는 여러 가지 요소들이 상호간에 작용하여 일정한 방향성을 만들면서 함께 움직이는 공행성이 있다.
라. 경기는 일정한 트렌드를 보이면서 반복되기는 하지만 과거의 사이클과 현재 그리고 미래의 사이클은 완전히 똑같을 수 없는 불규칙성을 가지고 있다.
마. 경기사이클을 활용한 투자활동을 할 때는 매 사이클별로 투자자산의 종류와 투자금액을 신중하게 결정해야 한다.

(3) 경기사이클 4국면의 현상

가. 경기둔화기 : 경기하락시그널이 나타나며 금리하락과 물가하락이 예상된다. 채권매수의 최적기로 볼 수 있고 주식가격은 빠르게 하락하므로 주식비중의 축소가 요구된다. 경기에 민감한 원자재가격은 금을 제외하고는 폭락세를 보일 수 있다. 안정적인 예금을 하는 것도 나쁘지 않은 국면이다.
나. 경기침체기 : 이미 경기가 하락된 상태이고 금리하락과 물가하락현

상이 나타난다. 채권은 시세차익을 거두는 시점이다. 부동산가격도 하락세가 예상되지만 장기적인 관점에서는 매수기회가 될 수도 있다. 낮은 금리 덕분에 수익성부동산이 인기를 끌게 된다. 주식가격이 약세지만 향후 경기상승에 대비해 주식을 매수하는 것도 괜찮은 시점이다.

다. 경기회복기 : 경기상승시그널이 나타나며 금리상승과 물가상승이 예상된다. 주식시장이 급등할 수 있는 환경이 조성된다. 경기가 살아나는 동시에 금리수준은 여전히 낮은 편이다. 채권은 향후 금리상승에 대비하여 보유비중을 축소하는 것이 좋다. 부동산이나 원자재 가격은 점차 상승하는 모습을 보이기 시작한다.

라. 경기호황기 : 이미 경기가 상승한 상태이고 금리상승과 물가상승현상이 나타난다. 경기가 좋아지고 수요가 증가하여 물가가 급등하는 시기다. 높아진 금리 덕분에 예금하기에 유리한 상황이다. 단기적으로 부동산매도계획이 있다면 가장 적합한 시점이 될 수 있다.

(4) 경기사이클을 효율적으로 읽기 위한 지표, 경기종합지수

가. 경기종합지수란?

경기종합지수는 국민경제 전체의 경기동향을 쉽게 파악하기 위하여 경제부문별(생산, 투자, 고용, 소비 등)로 경기에 민감하게 반영하는 주요 경제지표들을 선정한 후 이 지표들의 전월대비 증감률을 합성하여 작성한다.

개별 구성지표들의 증감률 크기에 의해 경기변동의 진폭까지도 알 수 있으므로 경기변동의 방향, 국면 및 전환점은 물론 속도까지도 동시에 분석할 수 있어 우리나라의 대표적인 종합경기지표로 널리 활용되고 있다.

나. 경기종합지수의 구성

경기종합지수에는 선행(Leading), 동행(Coincident), 후행(Lagging)종합지수가 있다. 선행종합지수는 앞으로의 경기동향을 예측하는 지표로서 구인구직비율, 건설수주액, 재고순환지표 등과 같이 앞으로 일어날 경제현상을 미리 알려주는 9개 지표들의 움직임을 종합하여 작성하고, 동행종합지수는 현재의 경기상태를 나타내는 지표로서 광공업생산지수, 소매판매액지수, 비농림어업취업자수 등과 같이 국민경제 전체의 경기변동과 거의 동일한 방향으로 움직이는 7개 지표로 구성되며, 후행종합지수는 경기의 변동을 사후에 확인하는 지표로서 생산자제품재고지수, 회사채유통수익률, 가계소비지출 등과 같은 5개 지표로 구성된다.

2. 부동산과 경기사이클의 상관관계

(1) 부동산부문의 경기사이클

가. 부동산의 경기사이클도 일반경기사이클과 트렌드 측면에서는 크게 다르지 않다.

나. 부동산경기는 주식경기에 일정기간 후행하는 성질이 있다.

다. 부동산경기사이클은 일반경기보다 길어서 일반적으로 10년 주기로 상승과 조정을 반복한다.

라. 주식이나 채권과 달리 부동산은 1~2인가구 증가라는 사회적인 큰

변화가 급격하게 이루어지고 있기 때문에 주택을 중심으로 향후 경기사이클이 짧아질 것으로 예상된다.

(2) 부동산 경기사이클의 영향
가. 부동산경기는 일반경기에 비하여 체감도가 높은 편이다.
나. 부동산경기는 계층에 불문하고 영향을 미치는 파급력이 매우 크다.
다. 부동산경기는 세계경제나 거시경제의 변화에 따른 일반적인 경기사이클보다 특정지역의 인구나 교통개발호재 등에 더 큰 영향을 받는다.
라. 부동산경기는 실제 개발여부와 달리 투자자들의 심리적인 요소가 더 크게 작용한다.

제2절 경기사이클과 부동산가격변화

I 경기사이클과 부동산가격변화

1. 경기사이클에 연동하는 부동산가격

(1) 부동산소유주기
가. 부동산은 소유주기가 다른 자산에 비하여 긴 편이다.

나. 부동산소유주기는 조세혜택과 정부정책에 연동되어 있다. 예를 들어 1세대 1주택 비과세혜택은 보유기간이 2년이 지나야 적용되고, 정부가 특별히 공급하는 공동주택을 분양받았을 때 일정기간동안 전매가 불가능한 경우 등이 그것이다.
다. 종중땅이나 그린벨트내 토지 등 일부 부동산의 경우 대를 이어 소유하기도 한다.

(2) 부동산가격의 미실현성

가. 부동산은 생각보다 자주 매매되지 않으므로 부동산가격은 대부분 관념적인 측면이 강하다.
나. 부동산가격이 확정되려면 반드시 매매행위가 실현되어야 한다.
다. 특수하거나 극히 소수의 거래사례는 특정시점이나 특정지역의 부동산가격을 대변하지 못한다.
라. 개별부동산가격의 변동성보다는 지역전체의 가격변동성에 주목해야 한다. 특수한 경우를 제외하고 주택가격은 같은 동네, 상업시설은 동일상권의 가격움직임에 편승하기 마련이다.

2. 경기사이클을 활용한 부동산투자전략

(1) 경기사이클은 반복성

가. 경기사이클은 무한반복하는 성질이 있으므로 장기보유할 수만 있다면 언제 매수하더라도 언젠가는 시세차익을 얻거나 제값에 매도할 수 있다.

나. 무한반복되는 경기사이클의 특성을 이용하여 단계별로 규칙적으로 분산매수 및 분산매도한다면 가격하락의 위험을 상당히 줄일 수 있다.

다. 부동산투자전략과 경기사이클의 원리를 이용한 단적인 예가 도시안의 가장 낙후된 지역의 부동산에 투자하는 것이다. 그 이유는 가장 저렴한 가격으로 부동산을 구입하고 가장 먼저 개발된다는 원리다. 즉 재개발의 최우선 조건이 노후불량주택비율이기 때문이다.

(2) 경기사이클은 시간의 함수

가. 경기사이클의 주기는 단기(키친파동), 중기(주글라파동), 장기(콘트라티에프파동)로 구분되며 최소한 수년에서 수십년간의 기간이 소요된다.

나. 부동산가격도 경기사이클처럼 단기, 중기, 장기에 걸쳐 다르게 형성된다는 점에서 장기로 보유할 수만 있다면 충분히 가격상승기회를 확보할 수 있다.

다. 투기목적이 아닌 장기투자나 실수요자의 입장에서 부동산을 매수한다면 경기사이클이라는 시간에 투자한 것이므로 부동산가격변화에 크게 연연할 필요가 없다.

라. 주식투자에서도 단타형태로 거래를 하는 개인투자자들의 수익률보다 배당투자를 목적으로 장기투자하는 개인투자자들의 수익률이 일반적으로 높게 나타난다. 실제로 개미투자자들이 보유하고 있는 주식계좌중에서 가장 수익률이 높은 계좌가 방치상태로 장기간 유지되는 휴면계좌라는 사실이 이를 방증하고 있다.

(3) 경기사이클별로 달라지는 자산별 가격

가. 경기사이클 4국면에 따라 예금, 주식, 채권, 부동산, 원자재 등 투자에 적합한 자산의 종류가 각각 다르다.

나. 마찬가지로 부동산도 경기사이클의 국면에 따라 적합한 종류를 다양하게 투자하면 시세차익이 형성되는 시점이 달라질 수 있고 장기적으로 시세차익을 얻을 확률이 높다.

다. 부동산도 종류에 따라 마치 금융상품처럼 채권형, 주식형, 펀드형 등으로 분류할 수 있다.

라. 주택, 상가, 토지, 오피스텔 등의 다양한 부동산 종류를 해당 부동산의 특성에 맞는 경기사이클의 국면별로 투자하는 방식을 활용한다.

※용어해설 : 경기순환(景氣循環 , business cycle)
한 나라의 경제활동이나 세계의 경기는 일정한 수준에 머무르는 것이 아니라 변동하고, 상승(확장)과정과 하강(수축)과정을 반복하며 주기적으로 순환하는 과정을 거치는데 이를 경기순환이라고 한다.

경기의 순환과정은 확장기와 수축기의 2단계로 구분하는 것이 일반적이나 확장기를 회복기와 활황기로, 수축기를 후퇴기와 침체기의 4단계로 세분하기도 한다. 경기변동은 일반적으로 1회의 순환에 소요되는 주기의 장단에 따라 다음과 같은 3가지로 나누어진다.

① 단기파동 : 키친파동이라 하며, 통화공급이나 금리 및 재고 변동 등의 요인으로 약 40개월을 주기로 나타남
② 중기파동 : 주글라파동이라 하며, 설비투자와 관련해 약 10년을 주기로 나타남
③ 장기파동 : 콘트라티에프파동이라 하며, 기술혁신, 신자원개발 등에 의해 약 50~60년을 주기로 나타남

(출처: 네이버 지식백과 / 경기순환 [景氣循環, business cycle] (NEW 경제용어사전, 2006. 4. 7., 미래와경영))

2학년 2학기

1장. 부채는 약이 되기도 하고 독이 되기도 해요.
2장. 부동산에서 평생 월급을 받을 수도 있어요.

부채는 약이 되기도 하고 독이 되기도 해요.

제1절 부동산과 부채

I 부동산과 부채

1. 부동산과 부채의 상관관계

(1) 부동산과 부채는 세트플레이
가. 부동산은 자기자본만으로 구입하기 힘든 고액자산이다.
나. 수익형부동산의 경우에는 일부러 대출을 받는 경향이 있다.
다. 거래가액이 클수록 부채가 세트로 붙는다.
라. 가족간의 무상대여와 임대보증금과 같은 무이자성 부채도 상당한 규모를 형성하고 있다.
마. 부동산관련 부채로 인하여 은행과 추심업체와 같은 금융산업이 전방위적으로 발전한다.
바. 갑작스럽게 시중금리가 인상될 경우 관련 부채의 대출이자비용이 커져서 오히려 수익률이 저하될 위험도 있다.

(2) 부동산부채는 매매활성화 원동력
가. 부채가 전혀없는 부동산은 매수수요가 적은 편이다.

나. 약간의 부채는 부동산가격상승을 부추기며 소비자물가상승의 결과로 이어진다.
다. 부동산관련 부채금액만큼 경제규모가 커지는 효과가 있다.
라. 부동산과 부채의 관계를 음식에 비유해보면 보다 쉽게 이해할 수 있다. 예를 들어 건강관리 때문에 기름기가 없는 고기를 선호한다면 오히려 구울 때 타기 때문에 건강에 해로울 수 있다. 물론 맛도 없다.

2. 부동산과 부채의 현실

(1) 우리나라 가계의 부채규모

가. 2016년 3분기 기준으로 1,295조원 8,000억원에 달한다. 이중에서 주택담보대출은 절반이 넘는 수준이다. 가계부채의 증가는 중산층들이 주택을 구입하고 자녀교육자금으로 소비를 키운 탓이 크다고 한다.
나. 과거대비 중산층이상의 부채는 늘어난 반면, 저소득층의 부채는 감소하고 있다.
다. 정부에서는 과다부채로 파산지경에 이른 가계를 위하여 워크아웃과 같이 부채의 일부를 탕감해주거나 상환기간을 연장해 주어 신용회복 기회를 주는 조치를 강구하고 있다. 여기서 워크아웃(workout)의 사전적 의미는 건강이나 몸매를 위해서 하는 운동이다. 즉 부채는 무조건 멀리해야 할 것이 아니고 건강하게 관리해야 할 영역이다.

(2) 우리나라 정부와 기업의 부채규모

가. 정부의 GDP대비 부채비율은 45%다. 공기업과 지방자치단체의 부채를 합하면 70%에 육박한다. 반면, 일본의 국가부채는 247%인데, 이렇게 증가한 이유는 1990년대 초반 이후 시작된 장기디플레이션('잃어버린 25년')에서 벗어나기 위한 각종 부양정책이 주원인이라고 한다.

나. 과거에 외환위기사태를 겪은 우리나라 기업들의 재무구조는 매우 건전한 편이다. 실제로 한국거래소와 한국상장회사협의회 자료에 따르면 12월 결산 코스피상장사의 2016년 3분기말의 평균 부채비율은 111%로 전년대비 6%p 낮아졌고 부채비율이 100% 이하인 회사비율이 60%정도라고 한다.

2학기 1장 제2절 부동산구입(투자)자금 마련방식

I 부동산구입(투자)자금 마련방식

1. 자기자본

가. 대출부적격 부동산이나 소액의 부동산인 경우에는 부채없이 자기자본만으로 구입하는 경향이 강하다.

나. 대출을 필요로 하는 부동산이라도 최소한의 자기자본이 요구된다.

다. 부동산시장에서도 빈익빈부익부현상이 나타난다. 자기자본으로 최소한의 부동산계약금조차 없어서 부동산투자를 엄두도 못내는 사람들이 많다.

라. 눈사람을 만들 때도 한주먹의 눈뭉치를 만들어야 커다란 눈사람이 만들어지듯이 부동산투자를 할 때 대출을 이용한다고 해도 최소한의 자기자본이 있어야 한다.

2. 대출

가. 100% 자기자본만으로 부동산을 구입하려고 한다면 해당 가액을 모으는 기간만큼 구입(투자)시점이 늦어지게 된다.

나. 대출을 해주는 금융기관은 매우 다양하다. 가장 엄격한 기준을 제시하지만 낮은 금리를 제공하는 은행권부터, 사실상 사채금리와 다름없는 대부업체까지 대출시장에 존재한다.

다. 경매방식으로 구입할 경우 대부분 경락자금대출을 활용한다.

라. 필요한 시기에 필요한 금액의 대출을 받기 위해서는 평소에 주거래은행관리를 통하여 우수고객이 되는 것이 중요하다.

마. 부동산관련 대출은 거액이고 장기간 이용하는 경우가 많으므로 대출금리보다 대출한도를 높이는 것이 우선이다. 다음으로 대출상환조건과 금리수준을 따져봐야 한다. 대출이자율을 조금 아끼는 것보다 투자부동산에 대한 수익률이 더 크기 때문이다.

3. 보증금

가. 부동산의 특성에 따라 최소한의 보증금을 받게 되는데 이러한 보증금도 부족자금을 대체하는 수단이 된다.
나. 학군이나 교통이 양호한 입지의 소형아파트와 같은 부동산은 보증금이 거의 시세에 육박하기도 한다. 이런 사례는 향후 부동산시장이 조정을 받을 경우 역전세의 위험이 뒤따른다.
다. 일부 전세가율이 높은 지역의 소형주택의 경우 갭(gap)투자방식으로 소액의 자금으로 투자하기도 한다.
라. 투자부동산의 보증금이 거래금액에서 너무 큰 비중을 차지한다면 향후 시세차익만을 기대할 수 있고 월세수익률은 기대하기 어렵다. 즉 저금리시대의 수익형부동산으로 적합하지 않을 수 있다.

4. 지인의 도움

가. 자녀가 취업이나 결혼과 같은 이벤트로 독립할 경우에 부모 또는 친인척으로부터 주택구입자금을 지원받는 경우가 많다.
나. 지인의 도움에 해당하는 부동산마련자금은 증여절차를 정식으로 밟은 경우도 있지만, 대부분 단순차명의 형태로 지원하는 케이스다.
다. 도움을 주는 지인이 가족 등 특수관계자일 경우에 향후 세무당국으로부터 세무조사와 증여추정 등의 불이익을 받을 수 있으므로 사전에 정식계약서를 작성하여 자금을 주고받고 이자도 계좌거래를 통하여 거래입증자료로 확보하는 것이 좋다.

2학기 1장 제3절 부채를 활용한 부동산구입(투자)전략

I 부채를 활용한 부동산구입(투자)전략

1. 부동산구입시 건강한 부채 활용하기

(1) 부동산관련 건강한 부채란?

가. 부채의 형태가 장기저리로 우량부동산에 저장되어 있는 상태를 말한다.
나. 대출기간이 장기일수록 변동금리가 아닌 고정금리가 금리변동위험으로부터 안전하고 예측가능한 가계수지관리에 도움이 된다.
다. 1금융권대출을 중심으로 대출받아야 한다. 대출한도와 조건이 완화되어 저신용자들의 수요가 몰리는 2금융권 및 대부업체는 고율의 금리를 적용하므로 부담이 크다. 만약 은행권에서 높은 대출한도와 저리의 금리조건으로 대출을 받는다면 간접적으로 우량한 신용상태를 인정받는 결과가 된다.
라. 장기적으로 부채를 이용할 경우 만기일시상환방식보다는 원금균등분할상환방식 또는 원리금균등분할상환방식이 미래의 부채상환가능성을 높여준다.

(2) 미래전망이 밝은 특정부동산에 대한 레버리지효과 활용

가. 유망한 입지의 저평가된 부동산이 있는데 혹시 구입자금이 부족하다면 적극적으로 대출을 받아서 투자한다. 이 경우 대출비용을 차감하고도 추가적인 차익을 확보할 수 있다.

나. 특히 교통여건이나 테크노밸리와 같은 특급호재가 있는 입지의 신규 분양 오피스텔과 같은 수익성부동산의 경우 대출을 한도까지 받아서 투자한다면 일시적인 금융경제위기를 제외하고는 통상적인 기간 동안 월세수익률이 대출이자율을 상회할 것이다. 이런 투자전략을 레버리지효과라고 부른다.

(3) 부채활용시 주의할 점

가. 실수요자의 입장이 아니라면 막연하거나 과도한 부채는 삼가해야 한다.

나. 특히, 수익성부동산을 대출을 끼고 투자할 경우 공실이 발생한다면 대출이자와 관리비 등은 고스란히 소모적인 비용으로 처리가 되고 향후 처분시에도 경매가 수준으로 매도가격이 낮아질 수 있으므로 투자한 자기자본도 손실처리 될 우려가 있다.

다. 장기간 보유할 부동산에 투자하면서 단기일시상환방식의 대출을 받으면 향후 매도예상시점과 대출상환시점의 미스매칭으로 급매물 처리 또는 경매절차가 진행될 수도 있다.

라. 태풍앞에서는 우산을 펼치지 않는 것이 안전하듯이 고금리상태가 장기간 이어질 것으로 예상된다면 투자를 미루거나 대출을 자제하는 편이 안전하다.

※용어해설 : 테크노밸리(Techno-vally)

자족기능 강화를 위한 융합기술 중심의 첨단 혁신 클러스터를 말한다.

과거 개도국시절에 제조업을 활성화하려고 국가차원에서 장려되고 조성되었던 산업단지(産業團地, industrial park, industrial estate, trading estate / 또는 공업단지(工業團地)를 줄여서 공단(工團)이라고도 함)의 무공해 첨단화시설이라고 볼 수 있고 신도시의 역세권에 조성되는 특징이 있다.

(예) 판교테크노밸리

판교테크노밸리는 수도권의 거대 소비시장이라는 광역적 입지혜택과 함께 서울의 상암DMC, 테헤란밸리, 구로디지털단지, 도내 광교, 안산 등의 지식기반 인프라 집적지와 근접하여 다양한 시너지 창출이 가능하다. 경기도의 체계적인 기업지원시스템 최적의 기업환경을 제공하기 위해 글로벌R&D센터, 경기창조경제혁신센터, 스타트업캠퍼스 등 지원시설을 구축하고, 경기과학기술진흥원에 판교테크노밸리지원본부를 설치하여 입주기업 맞춤형 기업지원 프로그램을 제공한다.

대한민국을 대표하는 IT, BT, CT, NT 기업의 비즈니스 거점 SK케미칼, 포스코ICT, 한화테크윈, LIG넥스원, 안랩, NHN 등 각 분야에서 대한민국을 대표하는 국제적 수준의 기술혁신 선도기업과 한국전자통신연구원(ETRI)의 시스템반도체진흥센터와 한국전자부품연구원(KETI)의 SoC센터 등 첨단기술 관련 연구기관과의 교류로 첨단기술 분야의 성장잠재력을 극대화 할 수 있다.

※용어해설 : 레버리지 효과(leverage effect)
타인이나 금융기관으로부터 차입한 자본을 가지고 투자를 하여 이익을 발생시키는 것을 말한다. 빌린 돈을 지렛대(lever) 삼아 이익을 창출한다는 의미에서 지렛대 효과라고도 부른다. 예를 들어 1백억원의 자기자본으로 10억원의 순익을 올렸다고 할 때 자기자본이익률은 10%가 되지만 자기자본 50억원에 타인자본 50억원을 도입하여 10억원의 순익을 올리게 되면 자기자본이익률은 20%가 되므로 차입금 등의 금리 비용보다 높은 수익률이 기대될 때에는 타인자본을 적극적으로 활용해서 투자를 하는 것이 유리하다. 그러나 과도하게 차입금을 사용하면 불황시에 금리부담이 발생 수익률보다 비용이 높아지게 되는 이른바 "부(負)의 레버리지(negative leverage)" 효과가 발생하여 도산 위험과 도산 기대비용이 높아지게 된다.
(출처: 네이버 지식백과 / 한경 경제용어사전)

부동산에서 평생 월급을 받을 수도 있어요.

2학기 2장 제1절 무(저)수익 부동산이란?

I 무(저)수익 부동산이란?

1. 무(저)수익 부동산의 정의

(1) 무(저)수익 부동산의 정의

가. 투자가치보다 소유가치, 이용가치, 거주가치가 더 큰 부동산이다.

나. 대부분 일상생활에 필수적인 요건을 갖춘 부동산이다.

다. 보유에 대한 수익보다 비용이 더 큰 부동산이다.

라. 인구의 감소, 상권의 축소 등으로 공실이 발생하여 선호도가 낮아지고 있는 부동산이다.

마. 과거에는 부동산에 투자하는 자체만으로도 미래에 시세차익을 기대할 수 있어서 무(저)수익부동산이라는 용어를 사용하지 않았다.

바. 저성장 및 저금리시대가 도래하면서 시세차익보다는 소액이라도 월세 등 수익형부동산을 선호하는 트렌드가 형성되었다.

2. 무(저)수익 부동산 종류

(1) 무수익부동산의 종류
가. 거주주택
나. 나대지
다. 공실중인 상가
라. 공실은 아니지만 무상임대중인 상가
마. 공익목적의 부동산(문화재출토지역, 군사지역, 개발제한구역 등)
바. 친인척 등에게 무상으로 임대중인 주택

(2) 저수익부동산의 종류
가. 비인기지역의 임대용 주택
나. 월세연체 등으로 수입이 중단된 수익성부동산
다. MD원칙에 불부합하는 상업용 부동산
라. 보유중인 상태의 재개발 또는 재건축주택
마. 소형주택의 임대료를 받고 있는 대형주택

2학기 2장 ## 제2절 무(저)수익 부동산을 활용한 평생소득 확보전략

Ⅰ 무(저)수익 부동산을 활용한 평생소득 확보전략

1. 주택을 활용한 평생소득 확보전략

(1) 주택규모를 줄여서 확보된 현금 활용하기

가. 부모와 자녀가 함께 사는 일반적인 4인 가구는 급격히 줄어들고 있고, 1인가구가 급격히 증가하는 시대이므로 기존의 보편적인 주택의 크기를 줄이는 방향으로 계획을 세운다.

나. 만약 방 1칸을 줄여서 이사를 한다면 전국주택의 평균가격에 비추어서 약 1억 정도의 현금을 손에 쥘 수 있다.

다. 이렇게 마련된 현금으로 공실없는 A급 입지의 소형 주거용오피스텔을 구입하여 월세소득을 확보한다.

라. A급 입지의 소형 수익성부동산은 평생소득원으로 간주된다.

마. 주택규모를 줄인다고 해서 무조건 팔고나서 그동안 정을 주며 살던 곳을 떠나 주택가격이 저렴한 낯선 동네로 이사가는 것은 지양해야 한다. 현재 살고 있는 동네는 가격적인 측면만 봐서는 안되고 주민들과의 커뮤니티, 생활동선, 맛집 등을 종합적으로 고려해야 한다. 만약 새로운 주거지역에서 적응하기 어려울 것으로 판단된다면 지금의

동네를 떠나지 말고 평수를 줄여서 매매차액을 확보하는 것이 자연스럽고 후회가 없는 선택이다.

바. 주택의 규모를 줄여서 확보한 현금은 자산의 속성이 전혀 다른 주식이나 채권 등 금융상품이 아닌 부동산으로 운용하는 것이 바람직하다.

(2) 주택연금활용하기

가. 평생거주할 주택은 반드시 소유하는 것이 노후의 삶의 질을 결정한다.

나. 만약 주택만 있고 노후생활비가 모자란다면 거주하는 주택을 담보로 주택연금을 받으면 된다.

다. 만약 70세인 사람이 3억원짜리 일반주택으로 주택연금을 신청한다면 종신지급방식의 정액형기준으로 매월 972천원(2016.12월 기준)씩 평생동안 내 집에서 살면서 생활비를 받는 효과를 누릴 수 있다.

라. 주택연금제도의 한 가지 아쉬운 점은 한번 확정된 월단위 연금액은 국민연금과 달리 평생 고정적으로 지급되는 정액형이라는 것이다. 물론 '전후후박형'이라고 해서 가입초기 10년간 더 많이 받다가 11년째부터 초반 월지급금의 70%만 받는 방식이 있지만 총액적인 측면에서 특별히 유리하지는 않다. 즉 물가상승에 대한 대비가 취약하다는 뜻이다.

2. 공실상태의 상가를 활용한 평생소득 확보전략

(1) 공실이 발생한 상가
가. 지역부동산업소와 협의하여 최적의 임차아이템을 조사한다.
나. 창업대상자를 대상으로 적극적인 임차마케팅을 펼친다.
다. 월세체납으로 사실상 공실상태인 상가의 경우 현 임차인의 사업성이 없다고 판단시 보증금이 소진되기 전까지 명도소송 등의 방법으로 적극적인 상가회수작업을 한다.
라. 장기간 적극적인 임차마케팅을 하였으나 적합한 임차인을 확보하지 못하였다면 상가주인이 직접 해당상가에서 창업 등 활용을 시도한다. 이 경우 소유주의 직영으로 월세부담이 없으므로 경쟁업소대비 우위를 점할 수 있다.

3. 수익률이 낮아지는 주거용부동산을 활용한 평생소득 확보전략

(1) 오피스텔
가. 최소한의 비용을 들여서 내부인테리어를 한다. 즉 투자금 대비 수익률을 극대화하자는 취지다.
나. 임차기간 만료시 기존 세입자에게 월세를 올려서 제안해본다. 만약 동의하지 않으면 높아진 월세에 맞는 새로운 세입자를 확보한다.
다. 단기임차인을 반복적으로 확보한다. 통상 장기임차의 경우보다 단기임차가 더 많은 월세를 지불한다.

라. 전세로 임차시 최소한의 보증금과 월세로 전환하여 월소득을 확보한다. 만약 전세보증금을 내주기 위해서 대출을 받아야한다고 해도 일반적으로 대출이자율보다 월세수익률이 높기 때문에 소득확보 차원에서 유리하다.

(2) 다가구주택

가. 해당 다가구주택의 월세수익률은 개별물건의 차별화에도 영향을 받지만, 해당 지역 전체의 전월세상권에 더 큰 영향을 받는다.
나. 한 명의 개별세입자가 내는 월세금액을 높이려는 시도도 중요하지만, 통상 10여실이나 되는 건물전체에서 꾸준하게 발생되는 월세소득에 비하여는 미미한 수준이다.
다. 따라서 개별 호실별 월세금액보다 다가구주택 전체의 꾸준한 총합 월세금액이 평생소득확보차원에서 중요하다.
라. 법적형태는 단독주택이지만 월세소득을 얻기 위하여 여러 채의 원룸으로 구성된 다가구주택은 높은 월세금액보다 공실률이 낮아야 좋은 물건이라고 할 수 있다.
마. 1~2인가구가 주수요층인 원룸형 주택시장의 경우 다가구주택이 세입자의 경제력 측면에서 가장 열위하다. 따라서 해당 트렌드에 적합한 수요자들이 집중적으로 거주하는 지역선정이 중요하다.

4. 비사업용 나대지를 활용한 평생소득 확보전략

(1) 이용용도가 불분명한 나대지

가. 만약 보유하고 있는 나대지가 농지(전, 답, 과수원)일 경우 특용작물 재배를 제외하고 금융상품투자수익을 상회하기 어렵다.

나. 농사도 짓지 않는 나대지라면 전혀 소득발생이 되지 않을 뿐만 아니라 오히려 재산세 및 관리비용이 소요된다.

다. 막연히 시세차익을 노리고 매수했던 나대지라면 처분하여 수익성부동산으로 전환하는 것이 좋다.

라. 특히 비사업용토지의 경우 세무상 불이익도 발생할 수 있다.

(2) 이용목적이 미래시점인 나대지

가. 지금 당장은 빈 땅이므로 방치하여 잡초가 무성하지 않도록 관리해야한다. 예를 들어 실제 이용하기 전까지 야적장 또는 창고부지로 임대하던지 유실수 등을 심어서 땅의 가치를 올리는 활동이 필요하다.

나. 농막처럼 임시주거시설을 지어서 전원주택처럼 가족들이 활용한다.

다. 향후 더욱 고령화와 도시화가 가속화될수록 시골지역에 위치한 농지와 나대지에 대한 수요는 점차 감소할 것으로 예상된다. 그러므로 고령화와 도시화가 진행될수록 땅의 가치는 쾌적성보다 편리성이 점전 더 중요하게 다뤄질 것이다.

2학기 2장 | 제3절 평생 현역으로 살아가는 법

I 평생 현역으로 살아가는 법

1. 부동산임대사업자되기

가. 직장인이나 자영업자의 경우 언젠가 퇴직 또는 폐업을 하게 된다.
나. 소득활동의 현역시절에 충분하게 금전적인 노후준비를 해 놓지 않는다면 힘든 노후기를 보낼 것이다.
다. 현존하는 직업 중에서 서류상 또는 사업자등록만으로 현역신분을 유지할 수 있는 최고의 직업중 하나는 바로 부동산임대사업자다.
라. 자격증이나 지식 또는 경험 등은 자녀에게 물려줄 수 없지만, 부동산임대사업은 상속하여 대대로 임대사업유지가 가능하다.
마. 창업아이템 중에서 오너의 자유시간이 가장 많은 직종중 하나가 바로 부동산임대사업자다.

2. 자가 단독주택에서 자영업하기

가. 보유자산이 유일하게 한 채의 단독주택만 있다면 해당 입지의 특성에 따라서 단독주택을 상업화하면 된다.
나. 상권의 범위에 포함되는 지역안에 단독주택을 보유하고 있다면 상

업시설로 전환하여 임대업을 하거나 직접 자영업을 해도 좋은 방법이다.

다. 예를 들면 홍대입구역이나 상수역 쪽의 단독주택이나 공장건물을 상가로 전환하여 임대소득을 창출하는 사례가 대표적이다.

※용어해설 : MD

상품이라는 의미인 'merchandise'로부터 파생된 머천다이저, 머천다이징(merchandiser, merchandising)의 약칭이다.
상업용 부동산관련 용어로서 상품화 계획 또는 상품 기획전문이라고도 하는데 적절한 상품이나 장소·시기·수량·가격으로 판매하기 위한 계획활동이다. 이용자 또는 소비자의 수요에 맞추어 자연스러운 내방을 유도하거나 상품판매량을 늘리기 위한 활동이다. 상업시설과 입점아이템이 서로 최적의 조화를 이루도록 매칭하여 임대소득 및 영업소득 등 부동산관련 수익을 높이는데 큰 의미를 둔다.
(출처 : 네이버 지식백과)

※용어해설 : 명도소송(明渡訴訟)

매수인이 부동산에 대한 대금을 지급했음에도 점유자가 부동산의 인도를 거절하는 경우 부동산을 비우고 넘겨달라는 의도로 제기하는 소송이다. 매수인, 매수인의 상속인 등 매수인의 일반승계인이 제기할 수 있으며 제기 기간은 제한이 없다. 이 소송은 주로 경매를 통해 부동산의 소유주가 바뀌었을 경우에 진행한다. 매수인이 경매로 부동산을 낙찰 받고 부동산 인도명령 신청기간, 즉 매각대금을 지급한 후 6개월이 지난 다음에도 인도명령 대상자가 부동산의 인도를 거절할 때 제기할 수 있다. 인도명령 대상자 이외의 사람이 해당 부동산을 점유하고 있는 경우에도 제기 가능하다. 소송에서 승소 판결이 난 후 집행문이 발효되면 강제 집행으로 점유자를 내보내고 부동산을 인도받을 수 있다.

또한 세입자가 나가지 않을 때는 명도소송을 진행 할 수 있다. 보통은 임대차계약기간이 끝날 때 세입자 퇴거 조치 기준에서 신청을 하는 방법이기도 하지만 세입자가 월세를 밀리는 경우에도 신청이 가능하다.
(출처 : 네이버 지식백과)

3학년

부동산은 어떻게
평가하고 분석하나요?

3학년
1학기

1장. 부동산은 이렇게 평가해요.
2장. 부동산을 바라보는 자신만의
     안목을 키워보세요.
3장. 같은 부동산이라도 가치와 가격이 달라요.

부동산은 이렇게 평가해요.

1학기 1장 제1절 부동산평가방식이란?

Ⅰ 부동산평가방식이란?

1. 부동산평가활동의 정의와 필요성

(1) 부동산평가활동의 정의

가. 부동산의 투자와 권리분석 등에 관련되어 사전에 필수적으로 수행되어야 할 활동으로서 부동산평가활동절차라고 부른다.
나. 부동산평가활동이라고 하면 대부분 전문가에 의한 감정평가활동이라고 볼 수 있다.
다. 토지와 건물 등의 경제적인 가치를 평가하여 금전적인 가액으로 표시한다.
라. 부동산평가의 대상에는 개별부동산, 의제(擬制)부동산, 복합부동산, 동산, 부동산관련 권리(저작권, 상호권, 어업권, 광업권 외) 등이다.

(2) 부동산평가활동의 필요성

가. 부동산의 경우 개별성과 부동성 때문에 공산품처럼 대량의 적정가격을 산정하기가 곤란하므로 합리적인 거래시장이 형성되기 어렵다.

따라서 객관적이고 적정한 부동산시장을 형성해야 한다.
나. 부동산은 공공성과 사회성이 담보되어야 하는 재산이므로 체계적인 평가활동이 요구된다.
다. 부동산에 관한 일반인들의 주먹구구식 평가활동에 따른 분쟁발생 가능성과 거래시장의 축소를 예방하기 위하여 올바른 평가활동이 필요하다.

2. 부동산평가활동의 실무적 정의

(1) 부동산평가활동의 실무적 정의

가. 현실적으로 부동산에 대한 평가는 대부분 일반인인 거래당사자에 의하여 이루어진다.
나. 감정평가사와 같은 전문가에게 평가활동을 의뢰하는 경우는 거액의 부동산이나 대출담보제공 등의 경우에 한정된다.
다. 부동산을 평가할 때 반드시 고려해야할 조건에는 입지분석, 수요공급, 금리, 물가, GDP 등의 경제지표들이 포함된다. 그러나 일반인들의 경우는 거의 고려하지 않고 본인의 경험이나 감(感)에 의존한 심(心)적인 평가를 하고 있다.
라. 일반적으로 특정부동산에 대한 평가를 할 때 과학적이거나 통계적인 기법에 의하지 않고 언론보도나 관련마케팅에 휘둘리는 경우가 많다.
마. 부동산가격에는 공시가격, 분양가격, 기준가격, 시장가격 등 여러 가지 형태가 존재하는데, 일반인은 과거의 특정가격과 현재의 시장가

격을 혼돈하여 거래타이밍을 잘못 잡거나 고가매수 또는 저가매도하는 경우가 비일비재하다.

(2) 부동산평가활동의 개별요소

가. 부동산은 용도에 따라 평가하는 주요 요소가 각각 다르다.
나. 주거용부동산은 쾌적성, 교통편리성, 학군형성여부 등이 주요 요소다.
다. 상업용부동산은 수익성, 유동인구비율, 상권의 성장단계 등이 주요 요소다.
라. 공업용부동산은 생산성, 비용성, 물류편리성 등이 주요 요소다.
마. 농업용부동산은 토질, 수리시설여부, 경사도, 일조량 등이 주요 요소다.

1학기 1장 제2절 부동산평가방식

I 부동산평가방식

1. 원가방식

가. 원가방식은 복성(復成)가격이라고도 하는데, 재조달원가에서 감가누계액을 차감한 가격을 말한다.
나. 재조달원가는 평가대상물을 가격평가시점에서 다시 재생산하거나

재취득할 때 소요되는 재조성원가다.
다. 원가방식에서 고려하는 감가요인은 마모와 노후화 등의 물리적 요인과 설계불량이나 설비부족과 같은 기능적 요인, 환경적 부적합과 인근상권의 쇠퇴와 같은 경제적 요인, 소유권에 하자가 발생하거나 법적인 규제와 같은 법률적 요인이다.

2. 비교방식

가. 비교방식에는 대상부동산물건과 유사한 거래사례를 비교하는 방법을 사용한다.
나. 거래사례로 적합한 대상물건이 되려면 위치, 외형, 평가시점 등이 유사해야 한다.
다. 거래사례대상물건으로서의 유효성이 확보되려면 해당거래사례에 특수한 사정이나 개별적 동기가 개재되어 있으면 안된다. 매도인 또는 매수인이 시장사정에 정통하지 못하다는 등의 이유로 그 가격이 적정하지 못할 때에는 그러한 사정이 없을 때의 가격수준으로 사례가격을 정상화하는 작업 또는 그에 준하여 실시하는 사정보정절차가 뒤따라야 한다.
라. 거래사례비교법은 현실적이고 실증적이며 누구나 쉽게 활용할 수 있다는 장점이 있다.
마. 거래사례비교법은 빌딩이나 단독주택과 같은 특수한 물건에는 적용하기 곤란하고, 비과학적이며 거래당사자의 주관에 의존하는 단점이 있다.

3. 수익방식

(1) 수익방식

가. 평가대상부동산이 미래에 기여할 것으로 예상되는 순수익을 환원이율로 환원하여 가격평가시점에서 대상부동산의 적정가격을 산정하는 수익환원법을 주로 사용한다.

나. 주거용이나 임대용 부동산이 아닌 기업용 부동산에는 수익분석법을 사용한다. 이 방법은 총수익을 분석하여 순수익을 구한 후 필요경비를 가산하여 임대수익을 산출한다.

다. 부동산임대사업자들에게는 수익환원법에 의한 수익방식이 적합한 평가방식이라고 할 수 있다.

(2) 수익방식의 공식

가. 공식
- ▶ 가격 = 순수익 ÷ 환원이율 = (총수익 − 총비용) ÷ 환원이율
- ▶ 환원이율 = 순수익 ÷ 원본가격

나. 환원이율을 산정하는 기준은 1년이다. 순수익의 경우 1년간의 총임대수익에서 유지관리에 소요되는 비용이나 세금 등을 제외한 금액이다.

Ⅱ 토지 및 건물 평가방법

1. 토지평가방법

가. 주변지역에 소재하는 표준지의 공시지가를 기준으로 산정한다.
나. 공시지가기준일부터 가격평가시점까지의 여러 가지 요소들을 반영한다.
다. 위 요소들에는 교통여건 등 주변환경변화, 지가변동률, 생산자물가 상승률 등이 포함된다.

2. 건물평가방법

가. 가격평가시점에서 평가대상부동산물건의 복성가격으로 평가한다.
나. 복성가격이란 재조달원가에서 감가상각누계액을 차감하여 대상부동산물건이 가지는 현재가격을 산정한 것이다.
나. 다른 표현으로 원가법이라고도 한다.

3. 토지와 건물의 일괄평가방법

가. 토지와 건물의 평가가격은 합리적인 기준에 따라서 건물가격과 토지가격으로 구분하여 표시하는 것이 좋다.
나. 아파트와 같은 집합건물의 경우 건물과 대지사용권을 일괄하여 평가한다. 이 때에는 거래사례비교법을 적용한다.

다. 거래사례비교법은 비준가격이라고도 한다.

> ※용어해설 : 부동산평가활동절차(不動産評價活動節次)
> 부동산평가활동은 가격평정이라는 목적을 달성하기 위하여 의도된 일련의 계획적인 작업이며, 모든 평가이론을 종합적으로 활용한다. 평가활동의 절차는 평가주체에 따라 다르고 또 평가활동의 작업은 순차적으로 진행하는 것이 능률적이다. 미국 부동산감정사협회는 평가절차(評價節次, appraising procedure)를 ① 기본사항의 확정, ② 예비분석 및 자료의 수집과 선별, ③ 최유효이용의 분석, ④토지가격의 추산, ⑤ 3방식의 적용, ⑥ 시산가격의 조정(reconciliation of value indications) 및 최종가격의 평정(final value-estimate), ⑦ 평가서 작성의 7단계로 분류하였다. 또 일본의 부동산감정평가기준은 ① 기본사항의 확정, ② 의뢰인, 제출처 및 이해관계인 등의 확인 ③ 처리계

획의 수립, ④ 대상 부동산의 확인, ⑤ 자료의 수집과 정리, ⑥ 자료의 검토와 가격형성요인의 분석, ⑦ 평가방식의 적용, ⑧ 시산가격 또는 시산임료의 조정, ⑨ 평가가격의 결정, ⑩ 평가서의 작성 등 9단계로 분류하였다. 일본은 의뢰인 및 제출처, 이해관계인 등을 확인하는 점이 우리와 다르다. 중국도 의뢰인 관계와 평가서의 유효기간 등을 명시하여 관계를 명확히 하는 점이 우리와 다른데, 이러한 점은 우리도 채용해야 할 과제의 하나이다.
(출처 : 네이버 지식백과 / 부동산용어사전, 2011. 5. 24., 부연사)

※용어해설 : 의제부동산(擬制不動産)
토지나 건물이 아니면서도 등기, 등록 등의 공시 방법을 갖춤으로써 부동산에 준하여 취급하는 특정의 동산이나 동산과 일체로 된 부동산의 집단을 말한다. 준부동산이라고도 하며, 광업재단, 공장재단, 20톤 이상의 선박, 중기, 항공기, 자동차, 어업권, 입목(立木) 등이 여기에 해당된다.
(출처 : 네이버 지식백과)

※용어해설: 복합부동산(複合不動産)
부동산 감정평가에서 복합부동산은 토지와 건물이 결합되어 구성된 부동산을 말한다. 이것은 복합건물이라는 용어와 구별하여 사용한다. 복합건물은 한 건물을 여러 가지 용도로 쓰는 용

도복합 건축물을 말한다. 흔한 예로 주거와 상업용도가 혼재된 주상복합건물이 있다. 복합부동산은 건물과 부지의 배치 및 그 크기 등이 균형 잡혀 있어야 그 부동산의 유용성이 최대로 발휘된다.

(출처 : 네이버 지식백과)

부동산을 바라보는 자신만의 안목을 키워보세요.

1학기 2장 제1절 부동산안목이란?

I 부동산안목의 정의

1. 안목이란?

가. 안목(眼目)이란 사물을 보고 분별하는 견식이라고 국어사전에 나와 있다. 비슷한 말로는 면목(面眼)이 있다.

나. 안목과 관련된 말들은 눈, 분별력, 식견, 주안점 그리고 판단력이 있다.
영어단어 중에는 인사이트(Insight)가 있는데 '통찰' 또는 '통찰력'을 의미한다.

2. 부동산안목이 필요한 이유

가. 사람을 판단할 때도 보는 눈이 있어야 한다고 말한다. 특히 배우자를 선택하거나 직원을 뽑을 때 안목이 없다면 큰 낭패를 당할 것이다.

나. 마찬가지로 가정경제에서 가장 큰 자산인 주택을 중심으로 한 부동

산의 가치를 알아보는 안목이 없다면 엄청난 금전적 손실을 입을 수 있다.

다. 부동산안목을 키우는 방법으로 여러 가지가 있겠지만 오로지 학습만으로는 그 한계가 분명히 있다. 최소한의 현장답사와 직접적인 체험이 훌륭한 안목을 형성하는데 큰 도움이 된다.

라. 특히 좋은 부동산을 고를 때 안목의 힘이 필요하다. 이 때는 많은 수의 다양한 안목의 고려요소들이 존재하는데 모두가 균등하게 중요하지 않다. 예를 들어 10가지의 고려요소들이 있을 때 가장 중요한 것과 덜 중요한 것들의 랭킹을 매길 수 있어야 하고, 어느 요소까지 판단의 근거가 될지 분별하는 행위가 안목이 있는지 없는지를 결정하게 된다.

마. 똑똑하고 눈치가 빠른 사람을 일컬어 "눈썰미가 있다"고 표현한다. 마찬가지로 좋은 부동산을 잘 선택하기 위해서는 사람을 보는 것처럼 높은 안목을 길러야 한다.

3. 부동산안목이 활용된 사례

가. 경사도가 높은 지역의 아파트 구입 사례

서울에서 전세를 살고 있던 K씨는 △△△구 ○○동에 소재한 대단지인 ㅁㅁ아파트의 24평형 아파트를 구입하려고 현장 답사를 하던 중에 도로가에 위치하여 가장 평지인 1동에 비하여 북한산자락에 위치한 15동의 해발고도가 30미터나 높다는 점을 알게 되었다. 1동에 속한 물건은 시세가 5.3억인 것을 알고 있는 상태에서 15동의 물건이 가격에 맞으면 구입할 것을 고려 중에 있었다. 실제로 15동의 물건은 1동 물건에 비하여 2천만원이 저렴한 5.1억원에 매물로 나와 있었다.

K씨의 선택은 평지이고 지하철역과 가까운 1동의 편리함과 양호한 조망권을 가진 15동을 놓고 잠시 고민하였으나 평소에 탁월한 부동산안목을 지닌 터라 결국 조금 더 비싸도 1동 물건을 매수하기로 결정하였다.

왜 그렇게 결정했을까? K씨는 미래의 거주인구 연령증가와 경사도가 높은 단지내 길을 매일 오르내리는 육체적 불편함과 낙상위험이 현실적으로 조망권의 만족도에 비하여 더 중요한 판단기준이라는 안목을 지니고 있었다.

그것은 바로 주거용 부동산의 평지파워라는 것이다. 실제로 현장의 부동산중개업소에 문의 결과 이 사례물건인 15동의 시세는 1동과의 고도차이만으로 5천만원 정도가 낮은 것으로 파악되었다.

나. 투자목적의 오피스텔 구입사례

작년에 퇴직하고 경기도 ○○시에 거주하는 H씨는 저금리시대에 노후생활비 마련을 위하여 모역세권의 ㅁㅁ오피스텔을 분양받으려 모델하우스에 찾아갔다.

총 10층짜리 건물에 200실의 물건을 분양하는 중형급 오피스텔이었는데 대부분의 향과 층의 물건이 분양완료되었고 일부 층만이 남아있었다. 현장의 분양상담사는 남아있는 남향의 고층과 북향의 저층 물건을 비교하면서, 약 2,500만원이 비싸긴 하지만 남향고층물건이 더 좋다면서 권유하였다. 그러나 H씨는 비선호 향과 저층이므로 분양가 자체가 저렴한 북향물건을 계약하였다.

왜 그렇게 결정했을까? H씨는 실거주가 목적이 아니고 오직 월세소득 확보가 목적이었기 때문이다. 역세권의 오피스텔에 거주하는 세입자의 경우는 대부분 싱글족이면서 1~2년 단기거주자다.

적지 않은 월세를 내려면 당연히 직장인일 것이다. 그리고 오피스텔은 자녀를 둔 가정이 선호하는 아파트가 아니다. 매일 아침 출근하고 밤에 귀가하는 숙박공간에 불과하다. 그러므로 주간의 햇빛과 야간의 조망이 별 의미가 없다. 세입자들은 원하는 지역의 오피스텔에 전월세를 얻기 위하여 부동산중개업소를 방문했을 때 몇 달씩 대기하지 않고 바로 입주할 수 있는 향과 층을 랜덤하게 선택할 뿐이다.

현실적으로 세입자의 입장에서는 향이나 층과 무관하게 월세를 납부한다. 예를 들어 일반적인 크기인 전용면적 20㎡급 오피스텔의 경우 월세금액이 로열물건과 비로열물건 간에 5만원 정도 밖에 차이나지 않는다. 그 정도의 월세소득 때문에 수천만원을 더 주고 분양받는다는 것은 비효율적인 투자다. 즉 실거주자의 안목과 투자자의 안목은 다르다는 것이다.

1학기 2장　제2절 나만의 부동산안목 만들기

Ⅰ 나만의 부동산안목 만들기

1. 나만의 부동산안목을 만드는 방법

(1) 나만의 부동산안목이란?

가. 일반적인 부동산안목으로는 나만의 재무적 또는 비재무적 특성을 반영한 투자활동을 할 수 없다.

나. 보편적인 부동산안목에서 나만의 특성을 반영한 안목을 키워야 한다.

다. 수 십 년간 다양한 부동산투자를 할 경우 자연스럽게 나만의 부동산안목이 형성되겠지만, 단 한 번의 투자실패로도 치명적인 재무적 손실이 발생할 우려가 있으므로 반드시 나만의 부동산안목을 배양해야 한다.

라. 부동산투자활동을 할 때 매번 누군가에게 질문을 하고 스스로 판단을 하지 못하는 유형은 자기만의 안목이 미형성된 것이다.

마. 거주하는 지역이나 투자자금 규모 등에 따라 안목의 기준이 달라질 수 있다. 거주할 집도 없는 사람이 상가투자안목을 만든다거나 시골생활에 전혀 관심이 없는 사람이 전원주택안목을 만드는 것은 바람직하지 않다.

바. 부동산에 대한 미래의 안목을 빠르게 형성하고 싶다면 우리나라에

비하여 후진국과 선진국으로 해외부동산여행을 해보는 것이다. 해당 국가의 부동산정책과 부동산가격변화를 현지에서 목격하는 것은 탁월한 방법이 될 수 있다.

(2) 나만의 부동산안목을 만드는 방법(예시)

가. 아주 작은 부동산투자를 직접 수행해본다.
나. 타인의 경험을 교훈삼아 본인의 간접경험화하는 것도 효율적인 방법이다.
다. 부동산투자클럽에 가입하여 활동한다.
라. 주말마다 아파트나 오피스텔 등의 분양현장과 모델하우스로 답사활동을 수행해본다.
마. 랜드마크형 부동산의 과거 10년간의 실거래가격을 조사해본다.
바. 미분양아파트와 프리미엄이 붙은 아파트의 원인을 각각 파악해본다.
사. 시군구별로 인구변화와 부동산시세변화를 체크해본다.
아. 지역별로 불경기에 가격하락폭이 작았던 부동산을 찾아보고 특징을 알아본다.
자. 경매낙찰가율이 높은 지역과 물건을 찾아보고 특징을 알아본다.
차. 아파트의 경우 로열동과 비로열동의 차이를 확인해본다.
카. 은행에서 대출한도를 많이 부여하는 부동산의 특징을 질문해본다.
타. 택시기사가 목적지를 한 번에 알아듣는 부동산인지 확인해본다.
파. 공실이 자주 발생하는 부동산의 종류와 입지를 파악해본다.
하. 자가거주비율이 높은 주택지역과 전월세거주비율이 높은 주택지역의 차이점을 확인해본다.

같은 부동산이라도 가치와 가격이 달라요.

제1절 부동산의 가치

I 부동산의 가치

1. 일반적인 가치의 개념

가. 가치(價値)의 사전적 의미는 사물이 지니고 있는 쓸모, 대상이 인간과의 관계에 의하여 지니게 되는 중요성, 인간의 욕구나 관심의 대상 또는 목표가 되는 진, 선, 미 따위를 통틀어 이르는 말이다.

나. 수요와 공급의 원리에 입각하여 본다면 희소한 것은 무엇이든 언제나 가치가 있다.

다. 가치가 있는 객체는 유무형의 대상을 모두 포함한다.

라. 가치가 있고 없고 또는 그 정도가 많고 적고는 평가하는 시대와 사람에 따라 큰 차이가 있다.

마. 사람이 살아가는 일상에서 가장 중요한 가치는 보편적인 인격과 건강을 제외하면 대부분 재산을 우선순위에 두게된다. 그런 재산의 목록 중에서 가장 중요하고 시급한 것이 바로 부동산에 대한 가치다.

2. 가치의 주관적인 개념

가. 가치를 부여하는 주체는 사람이다.
나. 모든 사람은 얼굴이 다르듯이 성격도 다르다. 그러므로 가치에 대한 평가의 정도도 다르다.
다. 주관적인 가치는 시대별로, 장소별로, 상황별로 달라진다.
라. 동시에 여러 개의 가치가 충돌할 때는 가장 중요한 것 하나만 추구하는 경향이 있다.
마. 실질적인 가치를 부여할 수 있는 대상은 해당 객체의 거래활동에 직접 참여하는 실무자 또는 투자자들이다. 그냥 책상위에서 생각만하고 구경만 하는 사람들은 올바른 가치를 부여하기 어렵다.

3. 부동산의 가치란?

가. 부동산의 가치는 일반적인 가치보다 객관성이 높다.
나. 부동산의 가치는 주택과 같이 선택적이 아닌 필수적인 경우가 많다.
다. 부동산의 가치는 실질적으로 거주가치와 이용가치로 구분할 수 있는데 심리적으로는 소유가치가 매우 높은 자산이다. 실제로 개발가능성이 없는 맹지와 군사지역에 속해있는 토지와 같은 이용도가 낮지만 소유가치만으로 행복감을 느끼는 사람들이 있다.
라. 부동산보유여부에 따라 가정경제의 재무적 가치가 달라진다.
마. 부동산보유자(자가주택)와 미보유자(전세주택)는 특정한 부동산에 대한 가치평가가 달라진다.

1학기 3장 제2절 부동산의 가격

I 부동산의 가격

1. 우리나라 부동산 가격

가. 통계청의 조사에 따르면 우리나라 비금융자산은 총 1경 2,126조원 (2015년 기준)이라고 한다. 금융자산에 비하여 훨씬 더 큰 규모다. 특히 토지는 6,574조원이고, 건설자산은 4,166조원에 이른다.

나. 부동산의 가격은 주식시장의 주가처럼 시가총액방식이다. 예를 들어 아파트의 사례로 설명하면 다음과 같다. 1천세대의 아파트단지내 개별아파트가격이 각각 1억원이라고 한다면 시가총액은 1천억원이다. 그런데 매월 1채씩만 1천만원씩 올라서 거래된다면 10개월 후에는 시가총액이 2천억원으로 불어나게 된다. 극히 일부거래의 결과로 인하여 대부분의 미거래 아파트의 가격까지 끌어올리는 결과가 된다. 여기서 중요한 것은 아파트의 가격이 1억일 때나 2억일 때나 거주가치는 불변이라는 점이다.

다. 이에 비하여 우리나라 가계의 금융자산은 광의통화지표인 M2기준으로 부동산자산 규모에 비하여 매우 적은 2,391조원(2016년 10월 / 가계, 기업, 비영리단체 등 모든 경제주체 포함)이다. 화폐발행잔액은 약 95조원이다.

라. 부동산가격은 물가의 함수이므로 즉 물가를 구성하는 요소로써 부동산을 바라봐야 한다. 또한 부동산은 부증성(不增性)의 특성 때문에 모든 부동산은 나름대로 희소가치에 대한 프리미엄을 기대하고 있다.

마. 어느 시점에 동일한 가격의 부동산과 금융자산이 존재할 때 시간의 경과에 따라 금융자산은 이자율 또는 배당 제도 때문에 가격이 증가하지만, 부동산은 본질적인 물질적 형태만 유지하고 있게 된다. 향후 부동산의 교환가치를 평가할 때 같은 기간 동안 금융자산의 증가된 이자금액 또는 배당금액 만큼의 가격상승분을 부동산가격에 반영하는 기능을 소비자물가상승률이라고 한다. 즉 스스로 증식할 수 없었던 부동산에 대한 자동보상기능으로 비유할 수 있다.

2. 부동산가격의 결정 요소

가. 우선 경제적 효과다. 특정 부동산에 투자한 후 일정기간 동안 보유 시 얻어지는 임대수익이나 이용수익이 미래의 부동산가격에 더해진다. 수익형부동산에 투자하여 상권이 발달하면서 우량한 임차인으로부터 고액의 월세소득을 올린다면 구입가격에 비하여 매우 높은 처분가격을 기대할 수 있다.

나. 둘째, 심리적 효과다. 부동산의 공급과 수요 측면의 상관관계를 살펴보면 쉽게 알 수 있다. 부동산의 공급은 절대시간을 필요로 하고 개발이나 건축이 진행되면 중도에 정지하기 어렵다. 반면에 수요는 진짜 수요와 가짜 수요로 나뉜다. 여러 가지 상황에 의하여 서울에 거주해야만 하는 사람이 부산지역의 분양아파트에 청약하는 심리는

투기적 요소가 가미되어 있는 것이다. 당첨된 직후 분양권전매를 통하여 수익을 올리려는 심리가 가수요를 만들어 낸 것이다. 이런 가수요를 거품이라고도 부른다.

다. 셋째, 정책효과다. 부동산은 국민경제에 지대한 영향을 미치는 사실상 공공재의 성격이 강하므로 정부에서도 부동산 가격변동상황을 예의주시하고 있다. 경제환경에 비하여 부동산가격이 너무 상승한다면 각종 규제정책을 내놓아 가격을 안정시키고, 너무 하락한다면 부양정책을 내놓아 유지 또는 상승을 유도한다.

라. 넷째, 인구변화다. 요즘 1인가구의 폭발적인 증가와 고령화사회로 인한 노인인구의 증가 그리고 지방권도시의 인구감소와 수도권으로 인구유입 등의 요인 때문에 부동산 가격이 유형별, 지역별로 다르게 움직이고 있다.

제3절 부동산의 가치와 가격 상관관계

I 부동산의 가치와 가격 상관관계

1. 일반적인 가치와 가격의 상관관계

가. 가격은 하나지만, 가치는 평가하는 사람의 수만큼이나 다양하다.

나. 가격은 시장에서 거래를 통하여 수시로 변하지만, 가치는 소유하는 사람의 평가에 좌우된다.

다. 가격은 경제적 관점이고, 가치는 철학적 관점이다.

라. 사용가치와 교환가치는 충돌하는 경우도 많다. 예를 들어 1캐럿짜리 다이아반지를 구입한 사람의 사용가치는 매우 높지만, 나중에 되팔 때의 교환가치는 상당히 떨어진다.

마. 부동산은 일반적으로 건축연도가 오래될수록 경제적인 가치가 떨어진다. 그러나 역사적인 현장이었다던지 영화촬영지였다면 과거의 그 모습을 잘 보존할수록 역사적이거나 상업적인 가치가 오히려 높아지는 현상이 발생한다.

2. 부동산의 가치와 가격의 상관관계

가. 주택의 경우 가격보다 가치에 중점을 두는 선택을 하는 것이 좋다.

예를 들어 재개발대상인 노후주택에 거주하면서 재개발이익을 기대한다면 미래가격은 높아질지 모르지만 현실적으로 주거의 질은 매우 나쁠 것이다. 반면 저층아파트를 초고층으로 재건축한 후 입주하는 사람이라면 미래가치는 종전보다 기대하지 못하겠지만 주거의 질은 높을 것이다.

나. 사람의 인생은 보편적으로 요즘 신축되는 부동산의 수명보다 짧다. 그러므로 거주용 주택은 소유가치보다 이용가치에 중점을 두어야 한다. 만약 아이가 초등학생인 가정이 재개발과 재건축투자에만 관심을 두어 30년이 넘은 노후주택을 구입하여 실거주하면서 학군도 열악한 환경에서 대학까지 보내는 경우와, 같은 재개발주택에 투자만 하고 본인가족은 학군과 거주환경이 양호한 지역에서 실거주하는 경우를 비교해 본다면 쉽게 이해할 수 있을 것이다. 즉 실거주는 양호한 주거환경에서, 투자는 불량한 주거환경에서 하는 것이 가치와 가격의 상관관계를 잘 활용하는 것으로 볼 수 있다.

다. 역세권의 주거용 오피스텔을 투자목적으로만 접근한다면 가치보다는 가격에 포커스를 두는 것이 유리하다. 만약 투자자가 평생 미혼으로 해당 지역에서 실거주할 것이라면 남향이면서 전망이 좋은 고층이 좋겠지만, 현실적으로는 반대로 북향이면서 저층인 물건의 투자수익률이 높은 편이다. 역세권 소형오피스텔에 입주하는 세입자의 특성은 직장인이므로 주로 야간에만 거주한다. 따라서 층이나 향에 대한 집착이 별로 없고 이사 갈 시점에 물건으로 나와 있는 층&향에 입주하는 것이 일반적이다.

그런데 한 동의 오피스텔 건물을 분양할 때 같은 규모의 크기라도 소위 로열향&층의 물건보다 비로열향&층의 물건 분양가가 10% 정도 저렴하면서 동시에 입주후 월세금액의 차이도 10% 정도 밖에 나지 않는다. 여기서 10%라는 차이는 분양가기준으로 천만원단위이고 월세기준으로 십만원단위다. 결국 비로열향&층에 투자하는 것이 훨씬 투자수익이 높아진다.

※용어해설: 부증성(不增性, unproductively)
다른 생산물처럼 노동이나 생산비를 투입하여 토지의 순수한 그 자체의 양(量)을 늘릴 수 없고 재생산할 수 없는 특성을 말한다. 수면 매립이나 개간으로 농지나 택지를 확대하는 것은 부증성의 예외가 아니라, 국토 자원의 이용전환(利用轉換)이라 할 수 있다. 부증성은 ① 토지의 독점소유욕(a desire to possess)을 발생시키고, ② 토지이용을 집약화(集約化)시킨다. ③ 토지가격을 앙등시키며, 지가 문제를 심각하게 한다. ④ 토지 부족 문제의 근원이 되며, ⑤ 공간수요의 입지경쟁은 특정 토지의 희소성(稀少性, scarcity)을 유발시킨다. ⑥ 도시 부동산의 수요공급 기제를 타 상품의 수요공급 기제와 현저히 다르게 한다. ⑦ 토지가 지대 혹은 지가를 발생시키게 한다.
(출처: 네이버 지식백과 / 부동산용어사전, 2011. 5. 24., 부연사)

※ 용어해설 : 통화

협의통화(M1)	M1 = 현금통화 + 요구불예금 + 수시입출식 저축성예금
광의통화(M2)	M2 = M1 + 만기2년미만 정기예적금 + 시장형상품 + 만기2년미만 실적배당형상품 + 만기2년미만 금융채 + 기타(CMA, 신탁형증권저축, 종금사 발행어음, 2년미만 거주자 외화예금)
금융기관유동성(Lf)	Lf = M2 + M2포함 금융상품중 만기2년이상 정기예적금 및 금융채 등 + 한국증권금융(주)의 예수금 + 생명보험회사(우체국보험 포함)의 보험계약준비금 등
광의유동성(L)	L = Lf + 정부 및 기업등이 발행한 유동성 시장금융상품(증권회사 대고객 RP, 여신전문기관의 채권, 예금보험공사채, 자산관리공사채, 자산유동화전문회사의 자산유동화증권, 국채, 지방채, 기업어음, 회사채 등)
가계신용	가계대출 및 판매신용
가계대출	금융기관이 가계에 공여한 대출
판매신용	재화(물품)의 판매(생산)자나 서비스 제공자가 제공하는 외상(신용) 거래를 포괄
가중평균금리 (신규취급액 기준)	금융기관이 해당월중 신규로 취급한 수신 및 대출에 적용한 금리를 신규취급금액으로 가중평균한 수치
가중평균금리(잔액기준)	금융기관이 해당월말 보유하고 있는 수신 및 대출에 적용한 금리를 해당월말 현재 보유잔액으로 가중평균한 수치

(출처 : 한국은행 통화금융통계 / 2016년 10월 기준)

性
3학년

2학기

1장.   부동산은 우선 개별공시지가로 평가해요.
2장.   부동산은 입지와 상권이 중요해요.

부동산은 우선 개별공시지가로 평가해요.

2학기 1장 제1절 개별공시지가란?

I 개별공시지가

1. 개별공시지가(個別公示地價)의 의미

가. 개별공시지가란 부동산용어로서 표준지공시지가로 산정한 개별토지의 단위면적당 가격을 말하는데 실무적으로는 말을 줄여서 공시지가로 부르기도 한다. 개별공시지가는 부동산가격공시 및 감정평가에 관한 법률에 의거 국토교통부장관이 매년 공시하는 표준지공시지가를 기준으로 하여 시장·군수·구청장 등이 매년 1월1일 기준으로 개별토지의 특성 등을 조사, ㎡당 가격을 결정하여 매년 5월말 고시하고 있다.

나. 표준지공시지가를 기준으로 하여 산정한 개별토지에 대한 단위면적당(원/㎡) 가격이다.

다. 개별공시지가는 전국의 토지 중 대표성이 높은 표준지를 선정하고 개별배율을 곱한 것이다. 예를 들어 甲토지의 가치가 표준지보다 5% 낮으면 가격배율은 0.95가 된다. 따라서 표준지의 공시지가가 100만원인 경우 甲토지의 개별공시지가는 100만원X0.95가 되어 95

만원이 된다.
라. 전국의 시·군·구는 중앙부동산평가위원회의 심의를 거쳐 매년 2월 말경에 공시된 표준지공시지가를 기준으로 6월 30일까지 전국의 약 3,200만 필지에 대한 개별공시지가를 산정해 공시한다.
마. 해당기관이 공시지가를 고시할 때에는 일정기간 토지소유자들에게 열람을 시키거나 개별통지를 해야 한다. 이때 이의가 있으면 30일 이내에 서면으로 해당 시장·군수·구청장에게 이의를 제기 할 수 있으며, 이의가 받아들여지지 않을 경우에는 행정심판과 행정소송을 제기할 수 있다.

2. 개별공시지가의 활용

가. 개별공시지가는 국가에서 세금을 매길 때 기준금액이 된다. 양도소득세·증여세·상속세 등 국세와 재산세, 취득세 등 지방세가 그 대상이다.
나. 개별공시지가는 토지수용시 보상금산정의 기준금액이 된다.
다. 개별공시지가는 개발부담금이나 농지전용부담금 등을 산정할 때 기초자료로 활용된다.
라. 개별공시지가는 특정부동산을 거래할 때 흥정하는 가격의 가장 기본적인 기준이 된다. 일반적으로 개별공시지가보다는 시가가 훨씬 높게 형성되고 있다.
마. 어떤 토지의 지목이 건축개발이 불가능한 지목에서 건축을 할 수 있는 대지나 공장 등 특정용도로 사용할 수 있는 지목으로 변경될 경우 개별공시지가도 크게 상승한다. 이 경우 지목변경 직전부터 소문이 나면서 이미 시세는 상승하기 시작한다.

2학기 1장 제2절 개별공시지가를 활용한 부동산의 본질가치 파악법

I 개별공시지가를 활용한 부동산의 본질가치 파악법

1. 개별공시지가를 활용한 부동산의 본질가치 파악법

(1) 개별공시지가는 부동산가치의 가장 기본이 되는 가격
가. 지역이 다르거나 용도가 다른 부동산간에 가치를 비교평가할 때 가장 객관적인 기준이 바로 개별공시지가다.
나. 개별공시지가는 국가나 공공단체에서 사사로운 감정없이 일관된 시각으로 동시에 산정한 가격이다.
다. 개별공시지가는 일반인에게 인터넷사이트에서 실시간으로 공개되어 투명하게 관리되고 있다. 주요 인터넷사이트는 국토교통부, 토지이용규제정보서비스 LURIS, 부동산정보통합포털 ONNARA(온나라) 등이 있다.

(2) 개별공시지가를 활용한 부동산의 본질가치 파악법
가. 부동산은 토지를 비롯하여 주택이나 상가와 같은 건축물을 일컫는다.
나. 전국적으로 분포되어 있는 다양한 형태의 부동산끼리 서로 가치를 비교평가할 때 우선 토지의 개별공시지가를 비교해보는 것이다.

다. 구체적인 방법은 비교대상부동산의 대지지분을 파악한 후 개별공시지가를 곱하면 토지가격이 나타난다.

라. 서울과 산간도서지역의 부동산의 가치는 비교할 수 없을 정도겠지만, 개별공시지가는 여러 가지 정황을 고려하여 입지별 토지의 가격을 매기고 있다.

마. 특히 해당토지의 지번이 생성된 이후부터의 연단위 개별공시지가의 변화흐름을 면밀하게 살펴보면 해당 부동산의 미래가치를 어느정도 추산할 수도 있다.

(3) 개별공시지가 평가금액의 불복제도

가. 개별공시지가에 이의가 있으면 결정고시일로부터 30일 이내(6월중) 이의신청을 할 수 있고, 이의신청시 30일이내 행정심판을 하여 그 결과(재결서)를 신청인에게 통보한다.

나. 만약 이의신청기간인 6월중에 신청을 못한 경우는 행정소송법에 의한 행정소송을 1년이내에 제기할 수 있다.

다. 민원제기방식은 방문이나 우편으로도 가능하지만 인터넷을 통하여 간편하게 이의신청할 수도 있다. 대한민국 정부민원포털인 민원24 사이트내 '민원안내'의 '분야별 민원' 카테고리에 '개별공시지가 이의신청' 코너를 이용하면 된다.

2. 개별공시지가를 활용한 부동산의 본질가치 활용법

(1) 개별공시지가로 부동산시세 파악하기

가. 개별공시지가는 나라살림의 근간이 되는 세금을 매기는 기준이 되므로 전국민들과 밀접한 이해관계가 있다.

나. 일부 부동산소유자가 보상가나 매매가를 높이기 위하여 이의제기를 하는 경우를 제외하고 대부분 보유에 따른 세금이나 건강보험료 등을 줄이고 싶어서 낮게 평가되어지길 바란다.

다. 그러나 현실적으로 부동산은 해당 개별공시지가보다 훨씬 높은 가격에 매매되고 있다.

라. 도시지역을 전제로 시세와 개별공시지가의 상관관계를 관찰해보자. 필자의 경험을 예로 들어보면 다음과 같다. 강남역에 위치한 강남대로변의 부동산이라면 개별공시지가의 약 3배를 적용하면 통상의 시세에 근접한다.

그리고 역세권을 벗어난 지역이라면 약 2배를 적용하면 되고, 도시에 속한 부동산이지만 교통여건이 열악하거나 혐오시설이 주변에 산재해 있을 경우에는 개별공시지가 그대로 인정하면 된다.

마. 물론 정부측에서 개별공시지가를 산정할 때 이미 해당 부동산의 세금적 가치를 반영하였으므로 시세가치가 아닌 물건별 비교가치로는 개별공시지가만으로도 충분하다.

바. 개별공시지가는 가격형성측면에서 본다면 종속변수다. 대규모 개발계획이 수립되거나 정부정책과 같은 독립변수가 선행되어 특정지역의 토지용도가 상업화된다면 해당 지역안의 모든 토지의 가격은 큰 폭으로 상승한다. 특히 투자했던 농지가 상업지로 선정된다면 큰 수익을 내게 된다.

※용어해설 : 표준지공시지가

「부동산 가격공시 및 감정평가에 관한 법률」 제2조·제3조·제10조, 동법 시행령 제4조 「부동산 가격공시 및 감정평가에 관한 법률」에 의한 절차에 따라 국토교통부장관이 조사·평가하여 공시한 표준지의 단위면적당 가격을 말한다.

국토교통부장관이 토지이용상황이나 주변환경, 그 밖의 자연적·사회적 조건이 일반적으로 유사하다고 인정되는 일단(一團)의 토지 중에서 선정한 표준지(50만 토지)에 대하여 매년 1월 1일 현재의 적정가격을 조사·평가하여 공시한 표준지의 단위면적당 가격(원/m2)을 말하며, 통상적으로 매년 2월말경 공시한다.

표준지공시지가는 토지시장의 지가정보를 제공하고 일반적인 토지거래의 지표가 되며, 국가·지방자치단체 등의 기관이 그 업무와 관련하여 지가를 산정하거나 감정평가업자가 개별적으로 토지를 감정평가하는 경우에 그 기준이 된다.

표준지공시지가는 국토교통부가 운영 중인 부동산공시가격 알리미 인터넷 홈페이지(http://www.realtyprice.kr)를 이용하여 관련 정보를 열람할 수 있다

(출처: 네이버 지식백과)

부동산은 입지와 상권이 중요해요.

2학기 2장 제1절 입지(立地)란?

I 입지(立地)란?

1. 입지의 정의

가. 사전적으로 특정부동산이 자리잡은 위치를 말한다.

나. 부동산업계에서는 사람이 경제 활동을 하기 위하여 선택하는 지리적 장소를 말하는 것이다.

다. 입지는 경제활동의 분야에 따라 각각 다르게 평가되고 결정된다.

라. 입지의 결정 요인으로는 교통적 요인(도로, 지하철, 버스환승 등), 정서적 요인(원주민, 소비패턴 등), 자연적 요인(날씨, 지형 등), 경제적 요인(공실률, 수익률 등), 문화적 요인(문화시설, 로데오거리 등) 등이 있다.

2. 입지의 영향력

가. 투자목적의 부동산 매입시 가장 중요한 요소로 입지를 내세운다.

나. 부동산의 종류에 따라 입지의 중요도가 달라지는데 특히 상업시설

의 경우 건물 하나 차이로도 입지차이가 발생한다.

다. 입지는 건물의 노후도까지 극복한다. 예를 들어 초역세권의 좋은 입지인 30년된 건물과 비역세권의 좋지 않은 입지인 신축건물의 가격을 비교한다면 당연히 초역세권의 낡은 건물이 좋은 물건이다.

라. 최근 들어 입지의 영향력은 다른 요소에 비하여 더욱 커지고 있다. 그 이유는 가시성과 랜드마크타이틀에 대한 프리미엄이 강화되기 때문이다.

마. 예외적으로 장시간 줄을 서야 먹을 수 있는 맛집과 같은 특수한 부동산의 경우는 입지의 불리함을 극복하기도 한다.

바. 입지는 부동산세상에서 권력이다. 농업지와 주거지 그리고 상업지 중에서 부동산간의 거리에 따라 입지의 영향력이 큰 지역은 상업지, 주거지, 농업지의 순서다. 상업지는 건물하나 차이라도 건물의 가치가 크게 차이가 난다. 심지어 같은 건물이라도 코너자리와 이면도로 자리의 물건은 분양가 및 매매가가 엄청나게 큰 차이가 난다.

2학기 2장 제2절 상권(商圈)이란?

I 상권이란?

1. 상권의 정의

가. 소비자 집단이 집중적으로 소비활동을 하여 상업시설이 활성화될 수 있는 지리적인 범위다. 다른 표현으로 상권이란 특정지역의 상가 배후지에 해당 상가를 이용하는 잠재적인 소비자들의 양과 질이다.

나. 특정 지역에 거주하거나 통과하는 사람들의 경제생활을 해결하는 지역적인 경제공간이다.

다. 차량으로 이동하지 않으면서 손쉽게 생활편익을 얻을 수 있는 소비자의 생활행동 공간이다.

라. 특정한 지역적 범위 안에서 소비자들에게 편익을 제공하고 수익을 창출하는 상업용 시설들이 집합되어 있는 공간이다.

마. 도시의 규모가 클수록 광역의 상권이 발달하고, 도시의 규모가 적을수록 상권은 자립하기 어렵다.

바. 상권은 이종업종간에 시너지효과가 매우 크다. 예를 들어 커피를 마시는 곳과 식사를 하는 곳 그리고 유흥을 즐기는 곳이 각각 따로 존재한다면 좋은 상권을 형성하기 어렵다. 실제로 대규모 유흥시설과 숙박업소가 발달한 곳의 상권이 최고로 인정받는 경우가 많다.

사. 상권은 수명주기가 존재한다. 일반적으로 개발기, 성장기, 성숙기, 쇠퇴기의 4단계로 구분한다. 각 단계별로 약 10~30년 정도가 소요되고 일반적으로 성숙기가 가장 길다. 쇠퇴기에 이른 상권도 체계적인 재개발정책이나 대규모의 민간투자가 이루어진다면 다시 성장기로 리사이클될 수 있다.

아. 신도시개발과 인구변화 등의 원인으로 일부 도시의 경우에는 지역내 상권의 수명주기가 점차 빨라지고 있다.

2. 상권의 영향력

가. 일반적으로 상권은 거대상권과 중소상권이 공존하지 않는다.
나. 대도시와 중소도시간에 교통여건이 획기적으로 개선되면 중소도시의 상권은 쇠락하는 경향을 보인다. 예를 들어 철도노선과 도로노선이 대도시에서 중소도시로 확장되면 중소도시의 업종중에서 병원, 백화점, 문화시설 등의 상권은 대도시로 급격하게 이동한다. 이것을 '빨대효과'라고 한다.
다. 최근 들어 인터넷과 결제수단의 발달로 인하여 온라인쇼핑몰 상권이 급격하게 커지고 있다.
라. 재래시장 등 전통적인 상가지역은 첨단복합쇼핑몰의 등장으로 점차 위축되고 있다.
마. 좋은 상권은 인근지역의 주택가격상승에도 긍정적인 영향을 미친다.

2학기 2장 제3절 입지와 상권으로 분석하는 부동산시장

I 입지와 상권으로 분석하는 부동산시장

1. 입지와 상권으로 분석하는 부동산시장

(1) 입지와 상권은 세트플레이

가. 고려말의 충신이었던 야은 길재가 지은 것으로 유명한 회고가(懷古歌)를 입지와 상권의 개념에 비유하여 인용해본다.

"오백년 도읍지(都邑地)를 필마(匹馬)로 돌아드니 산천(山川)은 의구하되 인걸(人傑)은 간데 없네 어즈버 태평년월(太平烟月)이 꿈이런가 하노라."

여기서 도읍지와 산천은 입지, 필마는 교통수단, 인걸은 유동인구 그리고 태평연월은 한 시절 좋았던 상권으로 비유해 볼 수 있다. 즉, 고려가 망하고 조선이 건국되어 도읍지를 이동하면서 입지가 바뀌자 자연스럽게 거주민이 마치 유동인구처럼 신도읍지로 이동하여 상권이 바뀐 것으로 비유할 수 있다.

나. 이처럼 입지와 상권은 따로 분리하여 평가할 수 없다. 예를 들어 주택가격이 급격하게 상승하는 입지와 상권이 급격하게 쇠락하는 입지는 양립할 수 없다. 우리나라의 최고상권중 하나인 강남권을 보면 아파트가격도 비싸지만 상가의 가격도 비싸다. 이처럼 좋은 상권을

도보로 이용할 수 있는 주거지역의 주택가격이 더욱 상승하는 모습을 전국에서 공통적으로 관찰할 수 있다.

다. 선(先)상권분석 후(後)입지선정이 옳은 순서다. 왜냐하면 입지는 부동성(不動性)의 특성으로 이동하지 않는 반면, 상권은 유동인구의 흐름에 편승하여 커지거나 작아지거나 아니면 다른 곳으로 이동하는 성향이 있다. 따라서 상권이 성장기에서 성숙기로 넘어가는 단계의 입지가 현실적으로 매수가격과 임대수익률 측면에서 가장 좋은 선택이다. 이 경우 상권 수명주기의 기간만큼 투자수익을 확보할 수 있다. 한마디로 상권을 품은 입지라고 표현할 수 있겠다.

(2) 입지와 상권이 미치는 부동산가격

가. 주택의 경우 상가에 비하여 입지와 상권에 덜 민감한 편이다.

나. 상권분석은 시장성에 대한 분석이 주된 목적이다. 따라서 부동산의 과거 거래가격보다는 현재의 시장가격이 고평가되었는지 아니면 저평가되었는지를 파악하는 것이 핵심이다. 그 결과로 매매의사결정과 매도매수 타이밍을 선택하게된다.

다. 상권이 쇠락한다고 반드시 투자수익률이 떨어지는 것은 아니다. 만약 유망했던 상권이 유동인구가 감소하고 공실률도 높아진다면 쇠락한 상태의 상업시설의 가격도 함께 하락할 것이다. 오히려 역발상으로 저가매수하고 원하는 만큼의 월세를 낮추어 임차를 놓는다면 소위 가성비(價性比)가 높은 투자물건을 확보할 수도 있다.

2. 좋은 상권의 조건

(1) 좋은 상권의 조건

가. 좋은 상권지역은 대개 주민등록인구수에 비하여 주간활동인구수가 더 많다. 즉 소비활동을 하는 외부인구의 유입이 많다는 뜻이다.

나. 가장 좋은 상권의 유형 중에는 마치 입구가 몸통보다 좁아서 다시 새어나가기 힘든 구조의 항아리 모양을 한 상권이 있는데, 이런 항아리상권은 도심과 많이 떨어진 소규모 택지지구와 같은 주거입지에 최적화된 상권을 말한다. 퇴근 후 집 근처에서 외식이나 쇼핑을 하는 고정된 배후소비계층을 확보한 양호한 상권이 항아리상권이다.

다. 역세권지역의 보행소비자들이 많은 곳이 좋다. 특히 가장 보행자가 많은 출입구와 연계된 곳에 주목해야 한다.

라. 해당 지역내 주택의 유형 중에서 원룸과 오피스텔, 소형아파트, 중대형아파트의 순서로 주택비율이 높은 곳이 소비성향도 높다.

마. 젊은 맞벌이, 대학생, 서비스업종업원이 많은 곳의 소비성향이 높다.

바. 반경 1km안에 럭셔리 숙박업소가 많은 곳은 숙박을 하는 유동인구가 객단가가 높으면서도 다양한 소비활동을 한다.

사. 정류장에 정차하는 버스노선이 10개 이상 있는 곳이 좋다.

아. 지하철역이나 기차역으로부터 나가는 방향의 상권이 좋다. 들어가는 방향은 주로 출근하는 소비자들이 이용하는 상권이므로 매우 한정적이고 객단가도 낮은 편이지만, 나가는 방향은 퇴근길에 위치하므로 저녁식사를 하거나 음료 또는 음주활동을 하여 더욱 활성화된다.

자. 영화관이나 쇼핑몰 또는 병원 등 대규모 집객시설이 함께 모여있는 곳이 좋다.

※용어해설 : 가성비(cost-effectiveness , 價性比)
'가격 대비 성능'의 준말로 소비자가 지급한 가격에 비해 제품 성능이 소비자에게 얼마나 큰 효용을 주는지를 나타낸다.
(출처: 네이버 지식백과)

4학년

부동산 7대 투자영역에서
꼭 챙겨야할 것은
무엇인가요?

4학년 1학기

1장.   부동산 1대 영역, 좋은 주택은 이렇게 골라야해요.

2장.   부동산 2대 영역, 평생소득을 받을 수 있는 수익형부동산은 이렇게 골라야해요.

3장.   부동산 3대 영역, 유망한 토지는 이렇게 골라야해요.

4장.   부동산 4대 영역, 재개발은 이런 점이 포인드입니다.

부동산 1대 영역, 좋은 주택은 이렇게 골라야 해요.

1학기 1장 제1절 평생거주용 주택이란?

I 평생거주용 주택이란?

1. 우리나의 대표적인 주택의 모습

가. 아파트로 대표되는 주택유형은 대규모 주거단지를 형성하며 도심이나 산업단지와 상당한 거리를 두면서 베드타운 역할을 담당하고 있다.

나. 과거 자녀와 부모님을 모시던 대가족제도에서 정해졌던 국민주택규모(전용면적 85㎡)는 방이 3칸으로서 대한민국의 대표주택의 크기로 자리잡았다.

다. 최근 들어 일조권이나 조망권의 가치가 높아져서 같은 단지내 아파트라도 동별, 향별, 층별에 따라 가격차이가 점점 커지고 있다.

라. 아파트와 같은 공동주택의 입체개발로 적은 면적에 많은 가구가 입주하면서 초등학교와 학원같은 교육시설이 집중발달되었다.

마. 학교주변에 위치한 공동주택단지는 학교주변의 학교환경위생정화구역이라는 특성상 학생중심의 근린생활시설들이 들어서면서 일반 성인이나 노인들에게는 오히려 일상생활에 상당히 불편한 환경이 되었다.

바. 과거 주택복권 1등 당첨금이 900만원일 때도 있었다. 그 시절에는

단독주택이 주류를 이루고 있었고 물가도 저렴했기 때문에 주택의 절대가격이 지금에 비하여 매우 저렴했었다. 그러나 주택은 물가가 가장 정확하게 반영되는 물건 중 하나다. 토지가격이 상승하는 것을 제외하더라도 건축자재가격과 인건비 상승분만 고려해도 상당한 물가상승분이 신축주택에 반영되는 것이다.

2. 삶의 질이 반영된 주택

가. 과거에는 크기중심으로 주택의 가치를 평가하였지만, 현재는 1인가구 또는 자녀의 독립후 부모거주가구에게는 방3칸짜리 주택이 관리비부담 등의 이유로 적합하지 않게 되었다.
나. 획일적인 디자인과 거주구역이 지정된 아파트 대신 가구별 개성과 선호도를 반영한 다양한 주택유형이 나타나기 시작했다. 협소주택, 땅콩주택, 테라스하우스, 타운하우스, 모듈러주택 등이 대표적이다.
다. 주택을 투자의 대상이 아닌 거주의 대상으로 보기 시작했다.
라. 이웃들과의 커뮤니티를 중시한다.
마. 집안에서 햇빛과 경치를 즐길 수 있는 일조권과 조망권의 가치가 곧 가격으로 반영되고 있다.

3. 가구원수를 반영한 주택

가. 과거의 3~4인 가구의 비율이 급격하게 줄어들고, 그렇게 줄어든 만큼 1인 또는 2인가구가 급격하게 증가하고 있다.

나. 가장 선호하는 주택의 크기가 전용면적기준으로 85㎡에서 60㎡로 줄어들었다. 특히 집값이 비싼 수도권과 대도시를 중심으로 점점 더 줄어들고 있다.

다. 주택의 전용면적이 줄어들고 있지만, 대안으로 복층구조의 주거용오피스텔의 인기가 높아지고 있다.

라. 미혼직장인이나 유학중인 대학생들을 중심으로 하나의 주택안에서 방만 각자 독립적으로 사용하는 셰어하우스도 생겨나고 있다.

4. 주택연금을 고려한 주택

가. 노후기에 부족한 생활비 마련을 위한 최적의 대안으로 주택연금이 대두되고 있다.

나. 주택연금을 받으려면 1세대 1주택, 고가주택이 아닌 일반주택, 대출금 상환 등의 조건을 갖추어야 한다.

다. 주택연금을 받으면 사실상 임종할 때까지 거주해야하므로 신중하게 선택해야 한다.

라. 현재 거주지역에 만족하고 당장에 노후자금이 부족하지 않더라도 향후 주택가격이 하락될 것으로 예상한다면 최대한 빨리 주택연금을 받아야 나중에 연금액이 축소될 위험을 줄일 수 있다.

마. 주택연금의 월지급액 산정시 일반적으로 한국감정원 시세의 중간값과 KB국민은행 부동산시세의 일반평균값을 기준으로 하기 때문에 꼭 고가의 로열동 로열층을 고집할 필요가 없다.

5. 총자산의 50% 이하 가격인 주택

가. 총자산에 육박하는 고가주택대신 중저가의 주택과 주택가액만큼 현금을 확보하여 웰빙생활비를 확보하려고 한다.

나. 자산규모에 따른 주택의 입지와 크기도 고려하면서 해당주택거주민으로서의 소비규모도 고려해야 하므로 총자산의 50% 이내의 가액으로 주택을 장만하는 전략이 필요하다.

다. 주택가격의 보유비율을 줄이기 위한 방법으로써 동일 입지를 희망한다면 방칸수를 줄이거나 오래된 주택으로 이사를 하면 되고, 같은 크기의 주택을 유지하려한다면 한 단계 아래인 입지로 이동하면 된다.

라. 만약 지금 거주주택이 총자산의 50%를 초과하는 상태에서 50% 이내로 줄인다면 줄인 금액에 해당하는 수익성부동산에 재투자하여 현금수입원을 확보하는 것도 좋은 대안 중에 하나다.

1학기 1장 제2절 평생거주용 주택을 고르는 핵심포인트

I 평생거주용 주택을 고르는 핵심포인트

1. 일조권

가. 일조권(日照權)이란 집안에서 햇빛을 받을 수 있도록 법률상 보호되어 있는 권리다.

나. 정남향이 가장 좋다. 그러나 최근에 지어지는 고층주택의 경우 과거의 판상형(1동의 아파트 모양이 한 곳을 바라보며 일자형으로 배치된 형태로 남향위주의 일조권을 강조)이 아닌 탑상형(몇 세대를 묶어서 마치 탑모양으로 지은 형태로 알파벳의 T, Y, L 등의 모양과 같이 최대다수의 조망권을 강조) 으로 지어지므로 남동향 또는 남서향이 가장 많이 공급되고 있다.

다. 일조권은 개인의 몸과 정신의 건강을 위해 최소한 햇빛을 쪼일 수 있는 권리로서 헌법에서 보장하는 환경권의 일종이다. 요즘에 고층건물이 증가되어 일조권 분쟁이 심해 건축법으로 건물의 높이 및 건물 간 유지해야 하는 거리제한 등의 규정을 두고 있다.

라. 현역에서 은퇴하고 주택에서 대부분의 일상을 보내는 계층이 많아지면서 아침부터 저녁때까지 집안으로 들어오는 햇빛의 가치부여가 오전에서 오후로 이동하고 있다.

마. 과거에는 정남향이 아닐 경우에 동향 또는 동남향이 선호되다가, 최근에는 서향 또는 남서향의 선호도가 높아지고 있다.

2. 조망권

가. 조망권(眺望權)이란 집안에서 창밖으로 보이는 경관에 대한 권리다.
나. 국민소득이 높아질수록 조망권의 가치는 더욱 커진다.
다. 최근에는 조망권도 일종의 권리로 보아 그 침해에 대한 제거요구와 손해배상청구사례가 자주 발생하고 있다.
라. 일부 한강조망권의 가격은 같은 건물안에서도 한강조망이 잘되는 고층부와 잘되지 않는 저층부가 10억원이상 차이나기도 한다.
마. 같은 건물안에서 일조권과 조망권을 상호비교할 때 건강상의 가치 측면에서는 일조권이, 가격적인 측면에서는 조망권이 높게 평가되는 추세다.

3. 역세권

가. 직장인들이 가장 선호하는 교통수단은 궤도교통인 지하철이라고 할 수 있는데 교통체증이나 날씨와 무관하게 정시출퇴근이 가능하기 때문이다.
나. 궤도교통 중 기차역사가 지상에 노출되어 있는 지상철의 경우 소음, 진동, 철로변 개발제한 등의 문제로 인하여 양호한 주택입지로 보기 힘들다.

다. 요즘 수도권이나 광역시의 경우 지하철노선이 중복되는 더블, 트리플 역세권이 뜨고 있다. 맞벌이 부부의 출퇴근이나 여러 자녀의 등하교에 대한 가족들의 이동동선에 최대만족의 입지를 제공해주기 때문이다.

라. 2016년말 수서발 고속철도인 SRT의 개통과 평창동계올림픽과 연계된 인천~강릉 KTX와 더불어 전국적으로 고속철의 시대가 다가오고 있다. 만약 지하철과 고속철을 도보로 이용할 수 있거나 단 한 번의 대중교통으로 동시에 이용할 수 있다면 최고의 역세권이라고 부를 수 있다.

4. 학군

가. 우리나라에서 자녀를 키우는 부모라면 당연히 학군에 관심이 클 것이다. 쉽게 말해서 원하는 대학에 입학하기 위한 가장 좋은 교육환경을 학군이라고 부르면서 찾아다니고 있다.

나. 대개 행정구역별로 학군이 구분되고 있어서 특정고등학교에 입학이 가능한 행정구역인지 아닌지 도로하나 차이라도 주택가격이 몇 억씩 차이가 나는 것이 현실이다. 특히 일반중고등학교가 아닌 특목중이나 특목고의 신설로 학군의 선택폭이 더욱 넓어졌다.

다. 그러나 대입시험제도에서 다양한 수시전형이 많아지면서 과거에 위장전입을 할 정도와 같이 학군을 중요하게 여기지는 않는 분위기다.

5. 직군

가. '직군'이라는 말은 정식 명칭은 아니지만 부동산업계에서 '학군'에 빗대어 좋은 직장이 많은 지역을 그렇게 부르고 있다.

나. 직주근접(職住近接)이라는 표현이 있다. 직장과 근무지가 가까워서 심지어 도보로도 출퇴근이 가능하다는 뜻이다. 예를 들어 판교역주변의 아파트 가격이 매우 높게 형성되어 있는 배경 중에는 바로 앞에 위치한 판교테크노밸리 때문이다. 일부 2기 신도시중에도 인접한 대기업 공장시설로 인하여 안정적인 주민층을 형성하여 주택가격이 분양가에 대비하여 상당히 높아졌다.

다. 직장과 주거지역의 거리가 멀수록 베드타운화되어 향후 상업 및 문화시설의 이탈로 인한 공실우려가 생긴다.

라. 좋은 직장이 몰려있는 곳은 대부분 상업지역이므로 아파트단지와는 거리감이 있다. 그래서 법적으로 오피스텔인 '아파텔'이라는 신주거시설이 인기를 끌고 있다.

6. 공공시설물

가. 우리 동네라는 영역안에서는 대부분 도보로 일상생활을 영위한다. 만약 지하철을 탄다거나 버스를 타야한다면 해당 교통수단을 기다리는 시간만도 상당하므로 일상적으로 왕래하기는 어렵다.

나. 거주민들이 원거리에 위치한 직장이나 사업장이 아닌 동네에 소재한 공공시설물등은 삶의 질을 결정하는 중요한 요소다.

다. 우리 집을 중심으로 반경 1㎞이내를 동네개념으로 볼 수 있는데 이 영역안에 관공서, 병원, 공원, 유통시설 등 공공시설물이 존재한다면 좋은 주택입지라고 할 수 있다.
라. 정년퇴직연령이 점차 짧아지고 국민들의 평균연령이 증가하면서 동네안에서 활동하는 시기가 과거 부모세대에 비하여 매우 길어질 것으로 예상된다. 만약 60세에 은퇴하고 100세까지 생존한다면 인생의 라이프사이클에서 가장 긴 40년간을 동네에서 도보로 생활해야 한다.
마. 이런 노후기에 외롭고 비생산적인 일상을 커버하기 가장 훌륭한 공공시설물이 있다. 바로 공공도서관이다. 도립, 시립, 구립, 군립 등 국가예산과 공무원들에 의하여 체계적으로 운영되는 시설이다.
바. 공공도서관 이용포인트는 다음과 같다. 아침부터 밤늦게까지 개방하고 한달에 이틀만 휴관하므로 언제라도 방문하여 시간을 보낼 수 있다. 약 20종 이상의 일간지를 구독하므로 심심하지 않다. 냉난방이 잘되어 있어서 쾌적한 환경을 제공한다. 가장 중요한 점은 도서관에 있는 사람들은 대부분 상식과 정신적인 수준이 높다고 할 수 있으므로 좋은 친구집단이라고 할 수 있다.

7. 기피시설

가. 소위 혐오시설(嫌惡施設)이라고 하는데 쓰레기 매립장, 하수처리장, 소각장, 유류저장소, 화장장, 도살장, 교도소, 굴뚝있는 공장 등이 있다.

나. 이러한 혐오시설은 환경적, 안전적으로 주변에 영향을 주기 때문에 님비현상을 초래하고 주변지역의 부동산가격을 떨어뜨린다.
다. 혐오시설물이 동네주변에 건설될 경우 인근 주민들과 마찰이 생기고 이에 따른 보상문제가 발생하는 경우가 많다.

8. 자족성

가. 자족성이란 한 도시 안에서 생산과 유통 등의 측면에서 외부의 지원없이 자발적인 환경이 조성되고 이런 환경이 주민들이 거주하는데 직업적, 경제적 도움을 제공하는 것을 말한다.
나. 과거 1990년대 초 단기간에 주택의 양적공급을 목적으로 건설된 수도권의 일산, 분당 등 5개 신도시는 집값안정에는 기여했으나 자족기능을 갖추지 못한 것이 가장 큰 문제점으로 지적되어 왔었다. 그래서 판교, 동탄과 같은 2기 신도시는 자족성을 갖추도록 설계되었다.
다. 앞서 직주근접이라는 표현도 자족성이 근거가 되었다.

9. 은퇴자의 동선

가. 동네주민들의 성향은 여러 가지로 나눌 수 있다. 직장인이나 자영업자와 같은 직업별이나 자가 또는 전월세 등으로 구분할 수 있다.
나. 저출산고령화시대에 동네주민들의 가장 적절한 구분 중 하나는 바로 신혼부부와 은퇴부부다. 두 부류의 장단점은 명확하게 구별된다.
다. 신혼부부가 주력인 동네는 소득대비 지출(대출이자, 자녀학원비 등)

이 많아서 상권이 미약하다. 어린 자녀에 의한 층간소음문제가 대두된다. 잦은 이사로 인하여 주민커뮤니티가 느슨한 편이다.

라. 은퇴부부가 주력인 동네는 연금소득(공적연금, 퇴직연금, 사적연금, 주택연금 등)만큼 동네에서 거의 소비하므로 동네상권이 양호한 편이다. 자녀를 부양하는 시기에 부부의 용돈이 미미했다면 노후기의 연금은 전체가 용돈 겸 생활비에 해당하므로 소비파워가 세진다. 한 번 노후생활을 시작한 곳이면 쉽게 이사를 떠나지 못하므로 이웃주민들과 평생커뮤니티가 형성된다. 차량보유율이 줄어들면서 주차문제도 생기지 않는다.

※용어해설 : 학교환경위생정화구역

학교의 보건·위생 및 학습 환경을 보호하기 위하여 『학교보건법』에 의해 지정된 구역이다.

학교환경위생정화구역은 학교의 보건·위생 및 학습 환경을 보호하기 위하여 해당 지자체 교육감에 의해 지정·고시되는 구역으로서 1967년 『학교보건법』의 제정과 함께 도입되었다.

학교환경위생 정화구역은 학교 경계선이나 학교설립예정지 경계선으로부터 200m 범위내에서 지정되며 절대정화구역과 상대정화구역으로 구분된다.

1. 절대정화구역 : 학교출입문으로부터 직선거리로 50m까지인 지역
2. 상대정화구역 : 학교경계선 또는 학교설립예정지경계선으로부터 직선거리로 200m까지인 지역 중 절대정화구역을 제외한 지역으로 한다.

학교환경위생정화구역 내에서는 다음과 같은 시설 및 업종의 설치가 일체 금지된다.

1. 『대기환경보전법』, 『악취방지법』 및 『수질 및 수생태계 보전에 관한 법률』에 따른 배출허용기준 또는 『소음·진동규제법』에 따른 규제기준을 초과하는 행위 및 시설
2. 도축장, 화장장 또는 납골시설

3. 폐기물처리시설, 폐수종말처리시설, 축산폐수배출시설, 축산폐수처리시설 및 분뇨처리시설
4. 가축의 사체처리장 및 동물의 가죽을 가공·처리하는 시설
5. 전염병원, 전염병격리병사, 격리소
6. 가축시장
7. 전화방, 성인용품점 등

또한 상대정화구역내에서 학교환경위생정화위원회의 심의를 거쳐 설치 가능한 시설 및 업종은 다음과 같다.
1. 총포화약류의 제조장 및 저장소, 고압가스·천연가스·액화석유가스 제조소 및 저장소
2. 폐기물수집장소
3. 전염병요양소, 진료소
4. 유흥주점, 단란주점
5. 호텔, 여관, 여인숙
6. 사행행위장·경마장·경륜장 및 경정장
7. 복합유통게임제공업
8. 특수목욕장 중 증기탕
9. 만화가게
10. 무도학원·무도장
11. 노래연습장

12. 담배자동판매기
13. 비디오물감상실업 및 비디오물소극장업의 시설
    (단, 유치원이나 대학 정화구역내에서 당구장, 게임제공업, 만화가게, 노래연습장, 담배자동판매기, 비디오물감상실업 및 비디오물소극장업의 시설의 설치는 가능하다)

정화구역은 정화구역이 설정된 해당 학교의 장이 관리하고 정화구역이 중복될 경우에서 유치원을 제외한 하급학교, 같은 급의 학교 간에는 학생수가 많은 학교의 장이 관리해야한다.
(출처: 네이버 지식백과 / 서울특별시 알기 쉬운 도시계획 용어, 2012. 1., 서울특별시 도시계획국)

※용어해설 : 도로(道路, road)
일반적으로 두 지점 간에 사람과 물자를 경제적으로 이동시키기 위하여 합리적으로 설치한 지상의 시설을 말한다.
도로는 일반인의 교통을 위하여 제공되는 시설로서 「건축법」, 「국토의 계획 및 이용에 관한 법률」, 「도로법」, 「사도법」 등의 다양한 법률에서 각각의 법률 제정 취지에 맞게 차이를 두고 구분되어 운영되고 있다.
「건축법」에 의한 도로는 보행과 자동차 통행이 가능한 너비 4m 이상의 도로로서 다음의 어느 하나에 해당하는 도로나 그 예정도로를 말한다. 원칙적으로 건축물의 대지는 2m 이상의 도로에 접하여야 하며, 연면적의 합계가 2천m2(공장은 3천m2) 이상인 건축물의 대지는 너비 6m 이상의 도로에 4m 이상 접하여야 한다.

① 「국토의 계획 및 이용에 관한 법률」, 「도로법」, 「사도법」, 그 밖의 관계 법령에 따라 신설 또는 변경에 관한 고시가 된 도로
② 건축허가 또는 신고 시에 특별시장·광역시장·도지사·특별자치도지사 또는 시장·군수·구청장이 위치를 지정하여 공고한 도로

「국토의 계획 및 이용에 관한 법률」에 의한 도로는 다음과 같이 사용 및 형태, 규모 및 기능별로 구분한다. 도로는 기반시설 중 교통시설의 하나이며, 반드시 도시·군관리계획으로 결정하여 설치하여야 한다.

① 사용 및 형태별 구분
- 일반도로 : 폭 4m 이상의 도로로서 통상의 교통소통을 위하여 설치되는 도로
- 자동차전용도로 : 특별시·광역시·특별자치시·특별자치도·시 또는 군 내 주요지역간이나 시·군 상호간에 발생하는 대량교통량을 처리하기 위한 도로로서 자동차만 통행할 수 있도록 하기 위하여 설치하는 도로
- 보행자전용도로 : 폭 1.5m 이상의 도로로서 보행자의 안전하고 편리한 통행을 위하여 설치하는 도로

- 자전거전용도로 : 하나의 차로를 기준으로 폭 1.5m(불가피한 경우는 1.2m) 이상의 도로로서 자전거의 통행을 위하여 설치하는 도로
- 고가도로(高架道路) : 특별시·광역시·특별자치시·특별자치도·시 또는 군내 주요지역을 연결하거나 특별시·광역시·특별자치시·특별자치도·시 또는 군 상호간을 연결하는 도로로서 지상교통의 원활한 소통을 위하여 공중에 설치하는 도로
- 지하도로 : 특별시·광역시·특별자치시·특별자치도·시 또는 군 내 주요지역을 연결하거나 특별시·광역시·특별자치시·특별자치도·시 또는 군 상호간을 연결하는 도로로서 지상교통의 원활한 소통을 위하여 지하에 설치하는 도로(지하공공보도시설 포함). 다만, 입체교차를 목적으로 지하에 도로를 설치하는 경우는 제외한다.

② 규모별 구분
- 광로 : 1류(폭 70m이상), 2류(폭 50m이상 70m미만), 3류(폭 40m이상 50m미만)
- 대로 : 1류(폭 35m이상 40m미만), 2류(폭 30m이상 35m미만), 3류(폭 25m이상 30m미만)
- 중로 : 1류(폭 20m이상 25m미만), 2류(폭 15m이상 20m미만), 3류(폭 12m이상 15m미만)
- 소로 : 1류(폭 10m이상 12m미만), 2류(폭 8m이상 10m미

만), 3류(폭 8m미만)

③ 기능별 구분
- 주간선도로 : 시·군 내 주요지역을 연결하거나 시·군 상호 간을 연결하여 대량의 통과교통을 처리하는 도로로서 시·군의 골격을 형성하는 도로
- 보조간선도로 : 주간선도로를 집산도로 또는 주요 교통발생원과 연결하여 시·군 교통의 집산기능을 하는 도로로서 근린주거구역의 외곽을 형성하는 도로
- 집산도로 : 근린주거구역의 교통을 보조간선도로에 연결하여 근린주거구역 내 교통의 집산기능을 하는 도로로서 근린주거구역의 내부를 구획하는 도로
- 국지도로 : 가구(도로로 둘러싸인 일단(一團)의 지역)를 구획하는 도로
- 특수도로 : 보행자전용도로·자전거전용도로 등 자동차 외의 교통에 전용되는 도로

「도로법」에 의한 도로는 일반인의 교통을 위하여 제공되는 도로로서, 종류는 다음과 같으며 그 등급은 열거한 순위와 같다.
① 고속국도 : 자동차교통망의 중축부분을 이루는 중요한 도시를 연락하는 자동차전용의 고속교통에 제공되는 도로로서

「고속국도법」에 따라 그 노선이 지정된 것을 말한다.
② 일반국도 : 중요 도시, 지정항만, 중요 비행장, 국가산업단지 또는 관광지 등을 연결하며 고속국도와 함께 국가 기간도로망을 이루는 도로로서 「도로법」에 따라 그 노선이 지정된 것을 말한다.
③ 특별시도·광역시도 : 특별시 또는 광역시 구역에 있는 자동차 전용도로, 간선 또는 보조간선 기능 등을 수행하는 도로 등으로서 특별시장 또는 광역시장이 그 노선을 인정한 것을 말한다.
④ 지방도 : 지방의 간선도로망을 이루는 도청 소재지에서 시청 또는 군청 소재지에 이르는 도로 등으로서 관할 도지사 또는 특별자치도지사가 그 노선을 인정한 것을 말한다.
⑤ 시도 : 시 또는 행정시에 있는 도로로서 관할 시장이 그 노선을 인정한 것을 말한다.
⑥ 군도 : 군에 있는 군청 소재지에서 읍사무소 또는 면사무소 소재지에 이르는 도로 등으로서 관할 군수가 그 노선을 인정한 것을 말한다.
⑦ 구도 : 특별시나 광역시 구역에 있는 도로 중 특별시도와 광역시도를 제외한 구 안에서 동 사이를 연결하는 도로로서 관할 구청장이 그 노선을 인정한 것을 말한다.
「사도법」에 의한 사도(私道)는 「도로법」에 의한 도로(고속국도,

일반국도, 특별시도·광역시도, 지방도, 시도, 군도, 구도)나 「도로법」의 준용을 받는 도로가 아닌 것으로서 그 도로에 연결되는 길을 말한다.
- 사도는 관할시장 또는 군수의 허가를 받아 개설하고 사도를 설치한 자가 관리한다.

(출처: 네이버 지식백과 / 토지이용 용어사전, 2011. 1., 국토교통부)

부동산 2대 영역, 평생소득을 받을 수 있는 수익형부동산은 이렇게 골라야 해요.

1학기 2장 제1절 저성장시대와 투자대상 주요자산의 종류

I 저성장시대와 투자대상 주요자산의 종류

1. 은행예금

가. 저성장시대는 곧 저금리시대를 뜻한다.
나. 은행예금은 모든 금융기관을 통틀어 가장 낮은 금리상품을 판매한다.
다. 저성장시대에 은행예금은 실제로 보관의 개념에 가깝다.
라. 저성장시대에는 다행히 물가도 낮은 수준에 머무르기 때문에 실질금리는 고성장시대에 예금하는 것에 비하여 큰 손해는 없다고 보는 것이 합리적이다.

2. 주식

가. 저성장시대에는 주식시장도 활력을 잃게 된다. 일반적으로 상장회사들의 수익성이 떨어지는 것이 주원인이 된다.

나. 그러나 초저금리 수준인 은행예금에 실망한 투자자들이 틈새산업의 대장주와 같은 종목을 발굴하여 투자하려는 노력을 기울인다.

다. 일드갭(Yield Gap)투자가 관심을 받는다. 국공채에 대한 수익률 대비 유가증권에 대한 수익률의 비율이다. 일드갭을 사용하는 목적은 비교적 안정적 수익률인 국공채에 비해 유가증권에서 얼마나 평가절상 또는 평가절하되었는 지를 비교하기 위한 것이다.

라. 주식시장이 특별히 좋아지지 않더라도 금리수준이 더 내려가면 자연스럽게 일드갭이 커진다. 우리나라의 경우 2000년 이후 일드갭은 평균 6%수준이다.

3. 채권

가. 저성장시대에는 채권수익률도 예금이자율처럼 하락하게 된다.

나. 국내채권투자수익률이 기대에 못미치면서 상대적으로 경제활력이 좋은 해외투자로 눈을 돌리게 된다.

다. 특히 현재의 금리수준보다 미래의 금리가 더욱 낮아질 것으로 예상될 때 장기채와 같은 채권투자는 오히려 증가할 수 있다.

라. 금리가 상승무드로 전환되면 채권투자는 평가손실이 발생하게 된다.

4. 펀드

가. 저성장시대에 주식과 채권에 직접적으로 투자하는 것은 부담스럽다.

나. 따라서 펀드매니저와 같은 전문가에 의해 간접투자방식인 펀드투자

에 관심이 높아질 수 있다.
다. 시중에 판매되고 있거나 판매된 펀드의 개수는 주식종목수보다 많고, 해외펀드까지 고려한다면 선택의 폭이 매우 넓다.
라. 펀드는 주식보다는 덜 위험하고 채권보다는 기대수익률이 더 높은 중간영역에 놓여있다.

5. 부동산

가. 저성장시대에는 모든 투자자산들이 활력을 상실하게 되는 것이 일반적인 현상이다.
나. 금융상품은 인터넷시스템에 의하여 국내는 물론이고 전세계가 실시간으로 거래되므로 경기의 움직임에 고스란히 노출되어 있다.
다. 반면 부동산은 입지라는 고유한 특성이 있으므로 경기변화에 따른 호불호(好不好)를 획일적으로 설명하는 것은 무리가 있다.
라. 부동산은 법적으로 또는 실무적으로 분류할 때 다양한 투자상품이 존재한다. 수익형부동산은 저성장시대의 유망한 투자대안이 될 수 있는데 특히 경기를 타지 않아서 공실우려가 없는 우량상권에 존재하는 수이형부동산은 투자위험은 줄이고 기대수익을 높이는 투자대상이 된다.

제2절 수익형부동산투자의 핵심포인트

I 수익형부동산투자의 핵심포인트

1. 입지선택

가. 수익형부동산은 입지분석이 가장 중요하다. 특히 상권과 조화가 이루어지는 부동산아이템을 선별하는 안목을 가져야 한다.

나. 유명프랜차이즈와 같은 인기아이템의 경우 건물 하나 차이의 입지라도 가맹점을 내주지 않을 수 있다.

다. 입지는 불변이지만 상권은 움직이므로 상권에 순응해야 한다. 예를 들어 유동인구가 많은 이면도로에 속한 단독주택의 경우 상가로 전환하여 수익형부동산화하는 것도 좋은 전략이다.

라. 입지를 선택할 때는 반드시 상권분석을 병행해야 한다. 상권의 자양분을 먹고 가치를 높이는 것이 입지다.

마. 수익형부동산의 입지는 배후지의 상주인구와 해당 입지주변의 유동인구를 측정해봐야 한다. 상주인구는 고정적인 수요를 확보할 수 있고, 유동인구는 변동적인 수요를 확보할 수 있다.

바. 상주인구는 지리적인 범위와 자족시설 등에 의해 제한적이고 소비패턴이 단순하지만, 유동인구는 원거리 지역의 풍부한 인구를 유치할 수 있고 소비패턴이 매우 다양하다.

사. 상주인구를 겨냥한 입지의 아이템은 생활필수적인 영역에 한정되지만, 유동인구를 겨냥한 입지의 아이템은 의식주 이외까지 모두 망라한 영역으로 확장될 수 있다.

2. 공실률분석

가. 수익형부동산 선택시 임대수익률의 크기보다는 공실률의 크기가 더욱 중요한 요소다.
나. 정상적인 공실인지 악성적인 공실인지를 구분해야 한다.
다. 공실률이 높은 상권에 소재한 수익형부동산이 비정상적으로 높은 임대수익을 받는 사례는 거래사고 등의 위험이 있으므로 정상임차인인지 의심해봐야 한다.
라. 공실률 0%는 실제로는 존재할 수 없다. 해당 수익형부동산이 우량할수록 자본이득을 수수(授受)하는 매매활동으로 인하여 정상적인 공실이 발생하게 된다. 현실적으로 매매타이밍의 차이로 인한 단기간의 2% 정도의 정상적인 공실이 발생한다.

3. 임대료분석

가. 해당상권의 주력업종을 기준으로 수익률을 분석하는 것이 안전하다.
나. 개별물건별 수익률보다는 수익성부동산이 속한 상권 전체적인 수익률의 수준을 중시해야 한다. 세입자교체시 평균수익률에 수렴하게 되기 때문이다.

다. 보증금은 가급적 월세금액의 2년 정도 수준으로 받아야 향후 명도소송 등의 사유발생시 손실을 예방할 수 있다.
라. 특정 입지에 속하는 수익형부동산의 소유자들이 더 높은 임대료를 요구할 경우에는 매매가격 상승트렌드에 의한 긍적적인 공실이 발생하게 된다.

4. 환금성분석

가. 임대수익률이 아무리 좋아도 갑자기 처분해야할 때 팔리지 않으면 가격을 낮춰 급매물로 팔아야 하므로 매매차손이 발생할 수 있다.
나. 상권의 수명주기에 따라 성숙기가 지나는 수익형부동산은 현재의 임대수익률이 높더라도 환금성이 떨어질 수 있으므로 과감하게 처분하는 것이 좋다.
다. 환금성이 양호하기 위해서는 필요한 시기에 원하는 가격을 받을 수 있어야 한다.
라. 특정지역 안에 위치한 수익형부동산의 환금성이 양호한 지를 알아보기 위해서는 주변의 여러 부동산업소 대표자와의 인터뷰를 통하여 거래량을 점검해야 한다.

5. 대출금분석

가. 수익형부동산을 100% 자기자본으로 투자하는 것은 수익률제고차원에서는 오히려 비효율적일 수 있다.

나. 대출을 활용하더라도 경제위기 시기가 아니라면 임대수익으로 충분히 이자를 감당할 수 있다. 꾸준하게 임대수익이 발생한다면 처분시 매매차익으로 대출금이자 이상의 수익을 얻을 수 있다.

다. 대출을 받을 때는 대출한도와 상환조건 그리고 금리수준을 잘 따져 보아야 한다. 대출조건이 투자할 수익형부동산과 맞지 않으면 장기 보유하기 어려울 수 있고, 금리가 높아지면 임대수익률이 저하될 리스크가 있다.

라. 투자하려는 수익형부동산 매물이 아무리 좋다고 해도 부족한 자금을 2금융권이나 대부업체의 대출로 활용하는 것은 지양해야 한다.

6. 세금분석

가. 부가가치세는 무조건 챙겨야한다.

나. 사업자등록명의를 분산해야 임대소득세가 절감된다.

다. 주변에 신뢰할 만한 세무전문가 한 명을 멘토로 지정해야 한다. 세무사도 좋지만 세무회계사무실의 사무장도 무난하다.

라. 세금문제는 반드시 대안을 세우고 납부할 세금액수까지 계산해 본 후에 결정해야 한다.

※용어해설 : 실질금리

물가상승을 감안한 이자율을 말한다. 앞으로 인플레이션이 있을 것으로 예상하면 투자자는 실질금리에 예상 인플레이션율을 더한 만큼의 이자율을 받으려는 경향을 보이기 마련이다. 이때 금리를 명목금리(nominal rate of interest)라고 한다. 다시 말해 실질금리는 명목금리에서 예상인플레이션율을 뺀 것이다. (출처: 네이버 지식백과)

※용어해설 : 일드갭(yield gap)

주식투자에서 기대되는 수익률과 국채투자에서 기대되는 수익률 차이로 주가가 국채에 비해 낮게 혹은 높게 평가되었는지를 판단하는데 사용된다. 주식수익률은 국채수익률보다 항상 높은 편인데 이는 주식의 투자위험도가 높기 때문이다. (출처: 네이버 지식백과)

부동산 3대 영역, 유망한 토지는 이렇게 골라야 해요

1학기 3장 제1절 토지란?

I 토지의 정의(출처: 네이버 지식백과 / 두산백과)

1. 토지(land , 土地)의 정의

(1) 토지의 기본개념

가. 경제적으로는 생산의 요소나 자본이 되는 땅, 법률적으로는 물권(物權)의 객체가 되는 땅을 말한다.

나. 건물과 함께 부동산이라 하며, 중요한 재산이 되고 있다.

다. 토지는 무한히 연속하는 지표(地表) 및 지하의 구성 부분으로 형성되고 있으나, 물권의 객체인 물건이 되기 위해서는 지표의 일부를 일정범위로 구획 ·구분하여야 하며, 구분된 토지만이 개개의 물건으로 취급된다.

라. 구분된 토지의 각각을 1필(筆)의 토지라고 하며, 1필지마다 지번(地番)이 붙여져서 부동산등기법이 정한 바에 따라 토지등기부에 기재된다.

마. 토지에 관한 권리의 변동은 등기가 성립요건이 되며, 또한 제3자에

대한 대항요건이 된다.

(2) 토지의 재산적 개념

가. 토지는 농업생산의 요소인 동시에 항상적(恒常的)이며, 다른 물건에 장소를 제공하는 특질을 갖는 재화이므로 동산과 비교하여 여러 가지 다른 취급을 받는다.

나. 중세의 봉건제도하에서는 신분적 지배가 토지지배와 결부되어, 영주(領主)의 토지영유는 단순히 사적(私的)으로 토지를 지배할 뿐만 아니라 정치적·공법적(公法的)인 지배의 기초가 되어 있었으므로 매우 중요한 재산으로 취급되었다. 그 때문에 토지의 이전·이용 등에 관해서는 동산과 전혀 다른 법적 규제가 가해졌다.

다. 근대에 이르러 정치적·공법적인 지배는 국가의 수중에 집중되고, 토지에 부착되어 있던 그러한 구속은 모두 철폐되어 자유로운 사적 토지소유권이 확립되었다. 그 결과 토지도 상품으로서 동산과 동일하게 자유로이 거래의 대상이 될 수 있었으나, 재산으로서의 특질과 중요성 때문에 오늘날도 동산과는 법적인 규제를 달리하고 있다.

라. 토지소유자는 법률의 범위 내에서 자유로이 소유지를 사용·수익·처분할 수 있고(민법 211조), 토지의 소유권은 정당한 이익이 있는 범위 내에서 토지의 상하(上下)에 미친다(212조). 토지소유자의 소유권을 제한하는 것으로 민법에서는 상린관계(相隣關係)에 의한 제한이 규정되어 있는데(216~244조), 최근에는 특별법에 의한 제한이 현저히 증가하고 있다.

마. 법률에 의한 제한이 없더라도 사용·수익이 권리의 남용이 되는 경

우에는 법률의 보호를 받지 못한다.

바. 토지소유자는 스스로 토지를 이용할 수 있을 뿐만 아니라, 타인에게 지상권 ·임차권 등을 설정하여 대가를 얻고 이용시키거나, 저당권을 설정하여 자금을 융통할 수도 있다. 특히 토지소유자의 소유의 이익과, 이용권자의 이용의 이익을 어떻게 조화시킬 것인가가 어려운 과제로 대두되고 있으나, 소유권을 제한하고 이용권을 보호하는 것이 현대의 법사조(法思潮)이다.

사. 도시로의 인구집중과 토지, 특히 주택용지의 절대부족으로 지가의 앙등이 중대한 사회문제가 되고 있기 때문에, 종래보다 한층 넓은 시야에 입각한 종합적 토지정책이 요구되고 있어, 토지소유권의 제한 및 토지공개념 적용의 주장이 높아가고 있다.

2. 지목(地目)

(1) 지목이란?

가. 지목은 토지의 주된 사용목적을 구분한 것으로서 1910년 토지조사 당시 18개 지목으로 시작하여 현재는 아래와 같이 28개의 지목으로 구분되고 있다.

나. 지목은 토지 과세목적의 수단으로 활용되며, 토지의 경제적 가치를 표현하고 토지관련 정책정보를 제공하는데 이용된다.

다. 개별 필지마다 하나의 지목이 설정되며, 만약 1필지가 2 이상의 용도로 활용될 때에는 주된 용도에 따라 지목이 설정된다. 또한 토지가 일시적인 용도로 사용되는 때에는 지목을 변경하지 않는다.

(2) 지목의 구분과 내용(출처: 서울특별시 알기 쉬운 도시계획 용어)

❶ 전(田, 지목부호: 전) : 물을 상시적으로 이용하지 아니하고 곡물·원예작물(과수류를 제외한다)·약초·뽕나무·닥나무·묘목·관상수 등의 식물을 주로 재배하는 토지와 식용을 위하여 죽순을 재배하는 토지

❷ 답(畓, 지목부호: 답) : 물을 상시적으로 직접 이용하여 벼·연·미나리·왕골 등의 식물을 주로 재배하는 토지

❸ 과수원(果樹園, 지목부호: 과) : 사과·배·밤·호도·귤나무 등 과수류를 집단적으로 재배하는 토지와 이에 접속된 저장고 등 부속시설물의 부지(다만, 주거용 건축물의 부지는 "대"로 한다)

❹ 목장용지(牧場用地, 지목부호: 목) : 다음 각목의 토지는 "목장용지"로 한다.(다만, 주거용 건축물의 부지는 "대"로 함)
 (가) 축산업 및 낙농업을 하기 위하여 초지를 조성한 토지
 (나) 축산법 제2조제1호의 규정에 의한 가축을 사육하는 축사 등의 부지
 (다) 가목 및 나목의 토지와 접속된 부속시설물의 부지

❺ 임야(林野, 지목부호: 임) : 산림 및 원야(原野)를 이루고 있는 수림지·죽림지·암석지·자갈땅·모래땅·습지·황무지 등의 토지

❻ 광천지(鑛泉地, 지목부호: 광) : 지하에서 온수·약수·석유류 등이 용출되는 용출구와 그 유지(維持)에 사용되는 부지(다만, 온수·약수·석유류 등을 일정한 장소로 운송하는 송수관·송유관 및 저장시설의 부지를 제외)

❼ 염전(鹽田, 지목부호: 염) : 바닷물을 끌어 들여 소금을 채취하기 위하여 조성된 토지와 이에 접속된 제염장 등 부속시설물의 부지 (다만, 천일제염방식에 의하지 아니하고 동력에 의하여 바닷물을 끌어 들여 소금을 제조하는 공장시설물의 부지를 제외)

❽ 대(垈, 지목부호: 대)
  (가) 영구적 건축물 중 주거·사무실·점포와 박물관·극장·미술관 등 문화시설과 이에 접속된 정원 및 부속시설물의 부지
  (나) 『국토의 계획 및 이용에 관한 법률』등 관계법령에 의한 택지조성 공사가 준공된 토지

❾ 공장용지(지목부호: 장)
  (가) 제조업을 하고 있는 공장시설물의 부지
  (나) 『산업집적활성화 및 공장설립에 관한법률』등 관계법령에 의한 공장부지조성공사가 준공된 토지
  (다) 위의 토지와 같은 구역 안에 있는 의료시설 등 부속시설물의 부지

❿ 학교용지(지목부호: 학) : 학교의 교사와 이에 접속된 체육장 등 부

속시설물의 부지

⓫ 주차장(지목부호: 차) : 자동차 등의 주차에 필요한 독립적인 시설을 갖춘 부지와 주차전용 건축물 및 이에 접속된 부속시설물의 부지, 다만, 다음에 해당하는 시설의 부지를 제외
　(가) 『주차장법』 제2조제1호 가목 및 다목의 규정에 의한 노상주차장 및 부설주차장(시설물의 부지인근에 설치된 부설주차장을 제외)
　(나) 자동차 등의 판매목적으로 설치된 물류장 및 야외전시장

⓬ 주유소용지(지목부호: 주) : 석유·석유제품 또는 액화석유가스 등의 판매를 위하여 일정한 설비를 갖춘 시설물의 부지, 저유소 및 원유저장소의 부지와 이에 접속된 부속시설물의 부지(다만, 자동차·선박·기차 등의 제작 또는 정비공장안에 설치된 급유·송유시설 등의 부지를 제외)

⓭ 창고용지(지목부호: 창) : 물건 등을 보관 또는 저장하기 위하여 독립적으로 설치된 보관시설물의 부지와 이에 접속된 부속시설물의 부지

⓮ 도로(지목부호: 도) : 다음에 해당하는 토지를 '도로'로 분류한다.(다만, 아파트·공장 등 단일 용도의 일정한 단지안에 설치된 통로 등을 제외)
　(가) 일반공중의 교통운수를 위하여 보행 또는 차량운행에 필요한 일정한 설비 또는 형태를 갖추어 이용되는 토지

(나) 『도로법』 등 관계법령에 의하여 도로로 개설된 토지
(다) 고속도로안의 휴게소 부지, 2필지 이상에 진입하는 통로로 이용되는 토지

❶⓹ 철도용지(지목부호: 철) : 교통운수를 위하여 일정한 궤도 등의 설비와 형태를 갖추어 이용되는 토지와 이에 접속된 역사·차고·발전시설 및 공작창 등 부속시설물의 부지

❶⓺ 제방(지목부호: 제) : 조수·자연유수·모래·바람 등을 막기 위하여 설치된 방조제·방수제·방사제·방파제 등의 부지

❶⓻ 하천(지목부호: 천) : 자연의 유수(流水)가 있거나 있을 것으로 예상되는 토지

❶⓼ 구거(지목부호: 구) : 용수 또는 배수를 위하여 일정한 형태를 갖춘 인공적인 수로·둑 및 그 부속시설물의 부지와 자연의 유수(流水)가 있거나 있을 것으로 예상되는 소규모 수로부지

❶⓽ 유지(지목부호: 유) : 물이 고이거나 상시적으로 물을 저장하고 있는 댐·저수지·소류지·호수·연못 등의 토지와 연·왕골 등이 자생하는 배수가 잘되지 아니하는 토지

❷⓪ 양어장(지목부호: 양) : 육상에 인공으로 조성된 수산생물의 번식 또

는 양식을 위한 시설을 갖춘 부지와 이에 접속된 부속시설물의 부지

㉑ 수도용지(지목부호: 수) : 물을 정수하여 공급하기 위한 취수·저수·도수(導水)·정수·송수 및 배수시설의 부지 및 이에 접속된 부속시설물의 부지

㉒ 공원(지목부호: 공) : 일반공중의 보건·휴양 및 정서생활에 이용하기 위한 시설을 갖춘 토지로서 『국토의 계획 및 이용에 관한 법률』에 의하여 공원 또는 녹지로 결정·고시된 토지

㉓ 체육용지(지목부호: 체) : 국민의 건강증진 등을 위한 체육활동에 적합한 시설과 형태를 갖춘 종합운동장·실내체육관·야구장·골프장·스키장·승마장·경륜장 등 체육시설의 토지와 이에 접속된 부속시설물의 부지(다만, 체육시설로서의 영속성과 독립성이 미흡한 정구장·골프연습장·실내수영장 및 체육도장, 유수(流水)를 이용한 요트장 및 카누, 산림안의 야영장 등의 토지를 제외)

㉔ 유원지(지목부호: 유) : 일반공중의 위락·휴양 등에 적합한 시설물을 종합적으로 갖춘 수영장·유선장·낚시터·어린이놀이터·동물원·식물원·민속촌·경마장 등의 토지와 이에 접속된 부속 시설물의 부지(다만, 이들 시설과의 거리 등으로 보아 독립적인 것으로 인정되는 숙식시설 및 유기장(遊技場)의 부지와 하천·구거 또는 유지(遺地)[공유(公有)의 것에 한한다]로 분류되는 것을 제외)

㉕ 종교용지(지목부호: 종) : 일반공중의 종교의식을 위하여 예배·법요·설교·제사 등을 하기 위한 교회·사찰·향교 등 건축물의 부지와 이에 접속된 부속시설물의 부지

㉖ 사적지(지목부호: 사) : 문화재로 지정된 역사적인 유적·고적·기념물 등을 보존하기 위하여 구획된 토지(다만, 학교용지·공원·종교용지 등 다른 지목으로 된 토지 안에 있는 유적·고적·기념물 등을 보호하기 위하여 구획된 토지를 제외)

㉗ 묘지(지목부호: 묘) : 사람의 시체나 유골이 매장된 토지, 『도시공원 및 녹지 등에 관한 법률』에 의한 묘지공원으로 결정·고시된 토지 및 『장사 등에 관한 법률』에 의한 봉안시설과 이에 접속된 부속시설물의 부지(다만, 묘지의 관리를 위한 건축물의 부지는 "대"로 함)

㉘ 잡종지(雜種地, 지목부호: 잡) : 다음에 해당하는 토지를 "잡종지"로 분류한다.(다만, 원상회복을 조건으로 돌을 캐내는 곳 또는 흙을 파내는 곳으로 허가된 토지를 제외)
  (가) 갈대밭, 실외에 물건을 쌓아두는 곳, 돌을 캐내는 곳, 흙을 파내는 곳, 야외시장, 비행장, 공동우물
  (나) 영구적 건축물 중 변전소, 송신소, 수신소, 송유시설, 도축장, 자동차운전학원, 쓰레기 및 오물처리장 등의 부지
  (다) 다른 지목에 속하지 아니하는 토지

제2절 부동산상품의 원재료인 좋은 토지 고르는 핵심포인트

I 부동산상품의 원재료인 좋은 토지 고르는 핵심포인트

1. 거리

가. 거리에는 실측거리, 비용거리, 의식거리, 시간거리 등이 있다.
나. 규모가 큰 도심과의 절대거리가 가까워야 좋다.
다. 교통시설의 획기적인 발전이 뒷받침이 된다면 시간거리가 중요하게 부각된다.
라. 대도시와 중소도시간의 경계를 기준으로는 의식거리가 더욱 중요해진다.
마. 최근에는 민간자본이 도로, 철도 등의 건설에 투입되는 결과 이용요금이 과도하게 비싸지는 경우가 발생하고 있다.
바. 주택지의 경우 동네주변의 편의시설까지 걸으면서 소요되는 도보거리가 가장 중요하다. 차량을 이용하지 않고 일상생활을 영위할 수 있어야 옥외활동을 많이 하게 된다. 100미터의 거리일 경우 성인남성기준으로 대략 1분 30초가 소요된다.

(2) 크기

가. 토지는 상품으로 이용하는 용도에 따라 크기가 결정된다. 예를 들어

과수원 등 농업에 이용할 경우 도시안의 단독주택에 비해서 더 많은 양의 토지를 필요로 한다.

나. 부동산상품에는 빌딩, 창고, 공장, 아파트, 단독주택, 전원주택 등 그 종류가 매우 많다.

다. 토지는 부동산상품의 원재료이므로 일반적으로 크기가 작을수록 다양한 상품을 개발할 수 있다.

라. 각각의 부동산상품별로 투자목적상 최적의 크기가 존재한다. 예를 들어 방 2칸짜리가 총 16세대로 구성된 4층짜리 빌라를 신축하기 위한 용도라면 약 264㎡(80평)이 좋은데 그 이유는 건폐율이 대개 60%이고 한 개의 층에 4세대가 입주하기에 적합하기 때문이다.

마. 전원주택지로 활용한다면 수천㎡이상 대규모 토지보다는 330~660㎡로 작게 분할된 토지의 ㎡당 시세가 훨씬 높다.

(3) 모양

가. 토지의 모양이 도로에 접한 모습에 따라 정방형, 장방형, 삼각형, 역삼각형, 사다리형, 부정형, 자루형 등으로 구분하는데, 이렇게 구분하는 이유는 부동산상품으로서 평가할 때 가격 차이를 반영하기 위해서다.

나. 토지는 생긴 모양에 따라 이용가치가 다르고 접근성에 영향을 미친다.

다. 일반적으로 가장 모양이 좋은 형태는 정방형부지(正方形敷地)다. 정방형토지는 모양이 정사각형으로 세장비(앞기장 : 안기장)가 1 : 1.1 내외인 토지를 말한다.

라. 만약 매입하려는 토지의 모양이 삼각형일 경우 연접한 토지중 삼각형

인 토지를 함께 매입하여 정방형토지로 만들면 이용가치가 높아진다.

4. 토질

가. 토질이란 주로 공학적인 입장에서 흙의 조성·구조·물성·역학적 성질·압밀 등을 반영한 표현이다.
나. 도시안의 아스팔트와 보도블럭 등으로 포장된 토지는 토질보다 토지의 모양이 더 중요하다.
다. 일반적으로 토질을 따지는 경우는 집터를 고를 때가 많다.
라. 집터로서 좋은 토질은 주변지역에 자라는 식물의 상태를 관찰해야 한다. 또한 적당한 습기를 품고 있고 배수가 용이해야 한다.
마. 마을이나 전원주택의 진입도로의 경우 토질과 상관없이 아스팔트로 포장을 하는 것이 차량이나 신발의 청결도를 유지할 수 있어서 좋다. 만약 진흙길상태의 도로라면 차량세차의 번거로움이 생기고 도시의 관공서나 공공장소에 방문시 흙먼지 피해를 줄 수도 있다.

5. 경사도

가. 경사도(傾斜度)란 경사진 기울기를 수평면에 대한 각도로 나타내거나 수평거리(경사장)에 대한 수직높이의 비율을 백분율로 나타낸 것이다.
나. 토지의 이용측면에서 경사도는 토지의 개발효용도를 결정하는 중요한 요소다. 경사도가 심할 경우 개발자체가 불가능한 경우도 발생한다.
다. 경사도의 단점을 보완하기 위하여 절토나 성토를 하기도 한다.

라. 절토(切土)는 형질 변경 행위중 하나로서 평지나 평면을 만들기 위하여 흙을 깎아 내는 일을 말한다.

마. 성토(盛土)는 종전의 지반위에 다시 흙을 돋우어 쌓는 것을 말한다. 성토부분이 높을수록 다짐공사를 충분히 하지 않으면 나중에 지반 침하 또는 붕괴가 일어난다.

바. 절토나 성토작업이 필요한 경우 부동산상품의 조성원가가 대폭 상승하는 결과가 되어 상품성이 매우 떨어질 수 있다. 반대로 경사도가 매우 심하지만 비용을 절감하기 위하여 절토나 성토작업을 하지 않고 건물을 지으면 저층의 경우 위아래의 높이가 달라져서 비스듬한 형태가 되어 상품가치가 저하된다.

사. 경사도가 심한 땅에 여러 채의 주택을 지을 때 공동주택형태로 지으면 경사도가 오히려 세대마다 테라스를 제공해주는 기능을 하기도 한다.

6. 향

가. 모든 건축물은 창문이 있고 그 창문을 통하여 조망을 하게 된다.

나. 특히 주택의 경우 일조권을 보장받으려면 건물의 전면부를 남향으로 건축을 해야 한다.

다. 주거용 건축물이 아닌 상업용 건축물의 경우에는 오히려 북향이 선호될 수도 있다. 왜냐하면 전시와 조명 등의 인테리어가 중시되는 카페와 같은 상업시설은 창을 통하여 들어오는 자외선이 부담스럽기 때문이다.

라. 만약 어느 토지 한방향의 전망이 우수한데 그 쪽이 남향이 아니라면 남향보다 조망권을 우선하여 건축을 하는 경우가 많아지고 있다.

7. 주변환경

가. 모든 부동산상품은 주변과의 조화를 통하여 상품가치를 극대화한다.
나. 해당 건축물에서 바라보이는 조망권의 가치는 국민소득이 높아질수록 점점 더 높아지는 경향을 보이고 있다.
다. 기존 건축물이 전혀 조성되지 않은 상태에서 최초로 입주하는 경우 상품가치는 제로에 가깝지만 이후 다양한 건축물들이 입점하여 주거단지나 상권이 형성된다면 상호작용을 통하여 상품가치가 높아짐과 동시에 거래가격도 함께 상승한다.
라. 벌판과 같은 지역에 대형마트가 최초에 입주한 후 금융기관, 관공서, 주택, 숙박시설, 유흥시설 등이 추가로 입주한다면 소위 원스톱 라이프스타일 추구가 가능해지므로 전체적으로 부동산상품가치와 가격이 상승하게 된다.

8. 연접토지

가. 바로 붙어있는 토지의 지목이나 지목의 변화에 주목해야한다.
나. 토지의 지목은 대지를 중심으로 개발가치가 높은데 특정지변의 토지만 대지화 되는 것은 어렵고, 개발계획이 있는 일단의 토지가 함께 변경될 확률이 높다.
다. 연접토지의 소유주가 누구인지도 중요하다. 유력한 인사의 토지와 붙어있다면 다른 토지에 비하여 향후 개발가능성이 높기 때문이다.
라. 이웃한 토지의 지목에 변화가 없더라도 현황도로 개설이나 복토 등의 물리적인 변화가 생긴다면 호재가 된다.

부동산 4대 영역, 재개발은 이런 점이 포인트입니다.

1학기 4장 **제1절 재개발이란?**

I 재개발이란?

1. 재개발의 정의와 법적 근거

(1) 재개발의 정의

가. 재개발(再開發, redevelopment)이란 오래전에 조성되어 주거환경이 살기에 불편한 지역의 도로와 전기, 가스와 상하수도 등의 여러 기반시설들을 새로 정비하고 주택 등을 신축함으로써 도시경관 및 주거환경을 재정비하는 사업을 말한다.

나. 재개발의 경우에는 공공사업의 성격을 강하게 띠고 있다. 반면 재건축은 민간 주택사업의 성격이 강하다.

다. 기존 재개발대상지역에 거주하던 주택 세입자 처리와 관련해 공공대책을 세우게 된다. 반면 재건축은 집주인과 세입자 간의 임대차계약에 따라 개별적으로 처리하게 된다.

라. 재개발은 한마디로 도시를 살기좋도록 재생시키는 사업이다. 기존 도시가 가지고 있는 물리적, 사회적, 경제적 문제를 해결하기 위한 모든 행위를 말한다. 즉 도시재개발, 도시재활성화 등의 개념을 포

괄하는 넓은 의미의 개념이다.

(2) 재개발의 배경

가. 국민소득이 증가하고 현대화되면서 도시의 규모가 점점 커지는 과정에서 증가하는 주택 수요를 해결하기 위해 자연스럽게 신도시 또는 택지지구를 개발하게 된다. 그러면 필연적으로 구시가지에서 경제력이 있는 계층이나 젊은 층의 인구 유출로 정주(定住)인구가 감소하고, 인구는 고령화 되어 유통, 상권, 학군, 직군, 복지, 도로 등의 도시 기능이 약화된다.

나. 이와 같은 급격한 현대화에 따른 도시발전은 계획적인 개발이 용이한 외곽지역으로 기능이 팽창하게 되어 오히려 원도심(原都心)의 중심은 공동화(空洞化)현상이 발생한다.

다. 도시의 공동화 및 도심부 쇠퇴현상은 경제사회적으로 여러 가지 심각한 문제를 일으킨다. 예를 들어 교통혼잡이나 에너지 및 자원의 낭비 그리고 구시가지내 기반시설 노후화 및 상권 쇠퇴이다.

라. 이렇게 예견되는 문제점을 해결하기 위한 일반적인 도시 정비사업의 경우 물리적인 환경정비 위주의 사업을 우선 시행하게 된다. 그러나 한번 슬럼화된 구(舊)시가지를 처음처럼 회복시키기에는 한계가 있다.

(3) 재개발의 법적 근거

가. 재개발의 법적 근거는 '도정법'이라고 불리우는 도시 및 주거환경정비법(都市住居環境整備法)이다.

나. 이 법은 2002년 12월 30일에 제정된 법률로서 도시기능의 회복이 필요

하거나 주거환경이 불량한 지역을 계획적으로 정비하고 노후·불량건축물을 효율적으로 개량하기 위해서 필요한 사항을 규정하여 도시환경을 개선하고 주거생활의 질을 높이는데 이바지함을 목적으로 한다.

다. 특별시장·광역시장·시장은 10년마다 도시·주거환경정비기본계획을 수립해야 한다.

라. 주거환경개선사업은 토지 등의 소유자의 동의를 얻어 시장·군수·LH공사와 같은 사업시행자가 시행할 수 있다. 주택재개발사업 또는 주택재건축사업은 조합이 시행하거나 또는 시장·군수·주택공사 등과 공동으로 시행할 수 있다. 총칙, 기본계획의 수립 및 정비구역의 지정, 정비사업의 시행, 비용의 부담 등, 정비사업전문관리업, 감독 등, 보칙, 벌칙 그리고 부칙으로 구성되어 있다.

(4) 도시 및 주거환경정비법 요약

재개발사업종류	열악한 정도 (정비기반시설)	열악한 정도 (노후불량건축물)	개선대상	비고
주거환경개선사업	극히열악	과도하게 밀집	주거환경	도시의 저소득주민이 집단으로 거주하는 지역
주택재개발사업	열악	밀집	주거환경	
주택재건축사업	양호	밀집	주거환경	
도시환경정비사업			도시환경	상업지역이니 공업지역 등에서 토지의 효율적 이용과 도시기능회복과 상권활성화
주거환경관리사업			주거환경	단독주택 및 다세대주택 밀집지역에서 정비기반시설과 공동이용시설 확충
가로주택정비사업		밀집	주거환경	가로구역에서 종전의 가로를 유지하면서 소규모 개선

제2절 재개발의 절차

I 재개발의 절차

1. 재개발의 절차

가. 재개발을 위해서는 시나 도에서 구역지정고시를 받아야 한다.

나. 구역지정고시란 거주민들이 제출한 재개발계획을 검토한 후 기본계획에 문제가 없다고 판단되면 재개발을 할 수 있는 지역을 지정해 주는 것이다.

다. 구역이 지정되면 정식 조합을 설립한 후 재개발 사업에 들어가는데, 재개발 조합은 재개발구역안의 토지 등의 소유자 5인 이상이 재개발 사업시행을 위한 조합정관(서울특별시재개발조합 정관준칙을 기준)을 작성하고 토지 등의 소유자 총수의 2/3이상 동의를 얻어 구청장의 조합 설립인가를 받아야 한다.

라. 사업을 시행하기 위해서는 토지면적의 2/3 이상의 토지소유자 동의와 토지 및 건축물 소유자 총수의 각 2/3 이상의 동의를 얻어야 한다.

마. 재개발순서도

	도시 및 주거환경정비 기본계획의 수립
같은 시기	정비구역 지정
	정비계획 수립
	추진위원회 구성
	승인(시군구청장)
	창립총회 및 구조안전진단(재건축의 경우)
	조합설립인가(법인등록, 조합원 신탁등기)
같은 시기	시공사선정
	교통영향평가
	건축심의
	매도청구소송
	국공유지 매입
	사업시행인가
	분양신청 통지 및 공고
	관리처분계획인가
같은 시기	착공계제출
	분양승인
	동호수 추첨
	철거
	착공
	준공검사
	청산
	조합해산

2. 재개발의 부작용

가. 대부분의 경우 도시의 재개발이 완료되면 효율적인 토지 이용이 이루어져 쾌적한 주거환경이 조성되고 상권도 활성화되면서 도시환경이 정비된다.

나. 그 결과 범죄가 예방되는 효과가 있고 환경오염에 따른 각종 불이익도 매우 줄어든다.

다. 그러나 일부의 경우에는 재개발이 이루어지면서 이전보다 인구(세대)수가 많이 증가하여 상하수도, 도로, 공원, 학교, 병원 등 공공시설에 대한 수용부담이 크게 늘어나는 경우도 발생하며 교통여건이 혼잡해지고 전에 없던 고층건물이 신축되면서 자칫 도시경관의 조화가 무너지고 주변 지역과의 커뮤니티가 단절되는 경우도 발생한다.

라. 재개발로 인하여 사회적으로 가장 심각한 문제는 기존에 거주하던 주민이 철거민으로 전락하고 입주에 따른 자금부담 때문에 재정착하지 못하고, 재개발을 투자대상으로 인식한 일부계층에게만 막대한 개발이익이 돌아가는 측면이다.

제3절 재개발의 핵심포인트

I 재개발의 핵심포인트

1. 재개발추진의 효용가치

가. 재개발 이전과 이후의 거주환경변화의 정도에 주목해야 한다.

나. 새것에 대한 선호도는 항상 높다. 주택을 중심으로 부동산상품도 마찬가지다. 따라서 건축연도가 오래된 아파트와 신축아파트와의 가격차이는 더 벌어질 수도 있다.

다. 재개발이후 주로 공급되는 주택유형이 아파트인 점도 재개발에 대한 효용가치를 높여준다.

라. 전국적으로 그리고 역사적으로 재개발투자에 대한 수익률은 대부분 만족스러운 수준이다. 특히 저금리시기일수록 금융상품에 대한 상대적인 수익률이 높고, 저리융자를 이용하여 소자본으로도 투자가 가능해진다.

마. 재개발사업은 사업 추진 가능성이 매우 중요하다. 해당지역의 재개발에 대한 수요가 얼마나 많은지에 따라서 추진여부와 속도가 결정된다.

바. 주변 시세가 다른 지역에 비하여 얼마나 높은 수준인지를 따져야 한다. 만약 주변의 시세가 낮은 지역이라면 그만큼 수요가 많지 않다는 방증이다.

2. 재개발 추진기간

가. 재개발은 '언젠가'라는 조건을 붙인다면 추진된다. 모든 건축물에는 물리적인 내용연수가 있다. 특히 구조적으로 안전에는 문제가 없더라도 주변의 건축물의 노후불량률이 높다거나 재개발로 인한 공공효용이나 경제적 가치가 높아질 수 있다면 좀 더 빨리 추진될 수 있다.

나. 재개발의 추진기간이 길면 길수록 비용증가와 재투자기회상실 등의 불이익이 발생한다.

다. 재개발의 처음부터 끝까지 전체 과정으로 투자기간을 설정하지 않고 중간에 매매를 통하여 스스로 투자기간을 단축할 수도 있다.

3. 재개발완료시점의 부동산시세(기대수익)

가. 투자자의 입장에서 재개발투자의 가장 큰 매력은 미래시점의 고가주택(아파트)을 저렴한 가격으로 미리 구매한다는 점이다.

나. 그러나 재개발사업이 완성되는 시점의 경제환경이 매우 나쁠 것으로 확실시 된다면 투자자의 외면과 거주민들의 부동의로 재개발사업 자체가 지연되거나 취소될 수 있다.

다. 재개발수익률은 펀드와 같은 금융상품과 비교시 기대수익률은 별 차이가 없지만 총수익의 크기는 압도적으로 크다. 그 이유는 금융상품투자에 비하여 투자금액과 투자기간이 월등히 크고 길기 때문이다. 또한 재개발물건은 물가상승률이 반영되는 자산이다.

라. 시중금리가 하락하는 시기에는 재개발투자에 대한 기대수익률도 낮추는 것이 좋겠다.

4. 감정평가액

가. 감정평가액이 높은 곳을 선택해야 한다. 감정평가액에 따라 유리하게 배정 받을 수 있는 경우도 있기 때문에 이점도 중요하게 판단해야 한다.
나. 감정평가액은 같은 구역의 같은 평수라고 하더라도 그 구역의 위치나 주택의 상태에 따라 감정평가액이 낮게 나오는 경우도 있다.

5. 개발이익비례율(比例率)

가. 개발이익비례율이 높은 지역을 선택해야 한다.
나. 개발이익비례율이란 종후자산이라고도 표현되는 분양예정자산에서 사업비용을 공제한 금액을 종전자산으로 나눈 비율을 말한다. 이 비율이 1 또는 100%가 넘어야 수익성이 있다고 판단한다.
다. 종전자산이란 사업시행인가 고시일을 기준으로 조합원이 보유한 토지 및 건축물에 대하여 부동산의 종류, 위치, 향, 층, 평형 등 제반 가격형성요인을 분석하여 조합원 각각 자산가액을 평가한 것을 말하고, 종후자산이란 분양신청만료일을 기준으로 건축계획에 따라 신축될 아파트, 상가 등 분양대상자별 분양예정대지 또는 건축물 추산액을 산정하는 것을 말한다.

종전자산의 가치 합계	재개발사업을 하기 전에 조합원이 소유하고 있던 자산가치의 합계
분양예정자산의 가치 합계	재개발사업이 완료된 후 신축한 공동주택, 임대주택, 근린생활시설 등의 분양 및 매각수익의 합계
사업비용의 합계	도로와 상하수도 등 도시기반시설설치비, 학교와 공원 등 교육문화시설설치비, 기존 건물 철거비, 건축공사비, 조합운영비, 금융비용 등 제반 사업비용(법령에 특별한 규정이 있는 지출의 경우에는 사업시행자의 비용부담 제외)

라. 사업면적에 비해 조합원수와 세입자수가 적은 구역이나 건축비가 적은 구역 등은 비례율이 높게 나온다. 보편적으로 지리적 위치나 교통수단 등을 고려하였을 때 입지가 뛰어나서 사업성이 좋은 곳의 비례율이 높다.

6. 대단지구역과 조합원 수

가. 대단지 구역이면서 조합원 수와 세입자 비율이 적은 구역의 지분을 구입하는 것이 좋다.
나. 일반적으로 대단지라 함은 부지면적이 1만평이 넘고 보통 1,000세대를 넘는 곳을 말한다.
다. 대단지는 일단 기본적인 편의시설이 갖춰지고 부대시설도 풍부하게 설치되는 장점이 있기 때문에 아파트에 대한 선호도가 높을 수밖에 없다.
라. 조합원이 많지 않고 세입자수가 적으면 일반분양이 많아진다.

7. 이주비

가. 이주비 금액이 높은 구역을 골라야 한다.
나. 이주비가 많이 나오면 초기투자비용을 낮추는 효과를 얻을 수 있다.
다. 이주비는 일반적으로 무이자로 지급되기 때문에 처음에 금융권대출을 활용하여 조합원자격을 얻더라도 이주비로 그 금액을 축소하면 되기 때문에 초기 투자비용에 대한 부담이 크게 감소한다.
라. 그러나 이주비를 너무 많이 지급하는 곳이면 재개발 완료 후 건설사에 대한 부담이 커져 개발이익이 낮아지는 리스크도 있다.

8. 정보파악

가. 재개발조합사무실에 가서 추진경위와 진행단계를 청취한다.
나. 인근 부동산업소에 가서 객관적인 의견을 청취한다.
다. 관할 시군구의 담당자와 면담을 하여 공신력있는 관공서정보를 청취한다.

9. 세금관리

가. 재개발투자를 하여 아무리 많은 수익을 확보하였더라도 양도소득세를 최대치로 납부한다면 세후수익률은 크게 낮아지게 된다.
나. 부동산관련 세금정책을 면밀하게 파악하여 세금을 공제한 후의 실

제수익률을 기준으로 투자여부를 결정하는 것이 현명하다.

※용어해설: 건물내용연수

건물의 내용연수에는 4가지가 있다. 더 이상 이용이 불가능한 상태까지의 물리적인 내용연수, 기능적으로 이용가능한 상태의 기능적 내용연수, 경제적 이용이 가능한 상태의 경제적 내용연수, 법이나 행정적인 조치에 따른 행정적 내용연수가 있다.

4학년 2학기

1장. 부동산 5대 영역, 재건축은 이런 점이 포인트입니다.

2장. 부동산 6대 영역, 리모델링은 이런 점이 포인트입니다.

3장. 부동산 7대 영역, 공경매는 이런 점이 포인트입니다.

부동산 5대 영역, 재건축은 이런 점이 포인트입니다.

제1절 재건축이란?

I 재건축이란?

1. 재건축의 정의와 법적 근거

(1) 재건축(再建築, reconstruction)의 정의

가. 재건축은 '주택건설촉진법'에 재건축사업이 가능하도록 기준을 정해 건물소유주들이 조합을 구성해 노후 주택을 헐고 새로 짓는 것을 말한다.

나. 다시 말해 도로·전기·상하수도·가스공급시설·공원·공용주차장 등과 같은 정비기반시설은 양호하나 노후불량건축물이 밀집한 지역에서 주거환경을 개선하기 위하여 주택을 새로 짓는 사업을 말한다.

다. 재건축의 대상은 기본적으로 노후되고 골조와 설비가 불량한 주택으로서 공동주택을 원칙으로 하나 예외적으로 단독주택도 대상에 포함하고 있다. 한마디로 노후불량주택을 부수고 새로운 주택을 짓는 것이다. 따라서 공공사업의 성격을 띠고 있는 재개발과 달리 재건축은 민간주택사업의 성격이 짙다.

라. 노후불량주택을 철거하고 그 대지 위에 새로운 주택을 건설하기 위

해 기존 주택의 소유자가 재건축 조합을 설립해 자율적으로 주택을 건설하는 사업이다.

마. 재건축을 위해서는 해당구역에서 추진위원회를 구성하고 재건축 결의를 해야 한다. 재건축 결의가 법적인 효력을 얻기 위해서는 전체 구분소유자 중 4/5 이상, 각 동별 2/3 이상이 동의를 해야 한다. 결의가 되면 해당 지방자치단체가 평가하는 안전진단 절차를 받아야 하고 재건축이 가능하다고 판단되면 조합을 설립해 재건축사업에 들어가게 된다.

바. 재건축 사업방식의 주요내용 비교

구분	지분제	도급제
사업방식	시공사가 조합원의 무상지분을 확정해주고 시공사의 전적인 책임하에 사업 수행	시공사는 공사비에 대한 도급계약을 체결한 후 시공만 책임지고, 조합의 책임하에 사업을 수행
분양주체	시행자(조합)	시행자(조합)
분양책임	시공사	조합
공사계약	무상지분율	총공사금액
시공사법적지위	도급인	도급인
분양수익 귀속	시공사	조합
미분양발생시	대물변제(분양주체: 사업시행자)	조합책임

(2) 재건축의 배경

가. 주택재건축의 경우는 아파트를 선호하는 주거트렌드 변화와 재건축사업의 수익성향상 노력으로 인하여 점점 더 고층아파트 위주로 변화시키는 사업이다. 국민소득이 증가하고 주거입지의 차별화가 진행되면서

다수의 기존 거주민들이 가장 선호하는 주택유형인 아파트를 최신식으로 바꾸려는 인식이 재건축의 주요 배경중 하나다.

나. 오래된 저층 및 중층 아파트나 연립주택이 고층아파트로 변화하는 재건축은 예전에는 느낄 수 없는 탁월한 조망권의 혜택을 기대할 수 있다. 조망권은 국민소득이 높아질수록 점점 더 가치가 오를 것으로 예상된다.

다. 고밀도개발의 긍정적인 환경변화를 선호하고 있다. 일반적으로 고밀도개발이 요구되는 입지는 교통여건이 양호한 역세권에 위치해 있고, 백화점이나 영화관처럼 유통 및 문화시설이 잘 발달한 곳이다.

라. 직주근접(職住近接)을 원하는 거주자들이 점차 증가하고 있다. 공간적으로 한정적인 좋은 직장과 편리한 역세권의 근처에서 거주하려는 욕구가 고밀도개발을 통한 주택재건축을 선호하게 만든다.

마. 1960년대 후반 이후 국내에 본격적으로 공급되기 시작한 아파트들은 대부분 수 십 년을 경과하면서 디자인과 시설면에서 매우 노후화 되어 거주민들이 상당한 불편을 겪고 있다. 그래서 1980년대 중반부터 재건축으로 신규 주택(아파트)을 얻고자 하는 욕구가 급증하기 시작했다.

바. 정부측에서도 원활한 재건축을 위한 다양한 정책적인 지원을 하고 있다. 1988년 6월에 주택건설촉진법시행령을 고쳐 구체적으로 재건축을 진행할 수 있는 공동주택 판단기준 및 조합설립절차 규정을 만들었고 본격적인 재건축 시장이 형성되었다.

(3) 재건축의 법적 근거

가. 도시 및 주거환경정비법의 제6조 정비사업의 시행방법에 재건축의

법적 근거가 있다.

나. 인가받은 관리처분계획에 따라 주택 및 부대복리시설을 건설하여 공급하는 방법에 따른다.

다. 시장군수는 정비계획의 수립 또는 주택재건축사업의 시행여부를 결정하기 위하여 안전진단을 실시하여야 한다.

라. 조합설립에 동의를 하지 아니하거나 건축물 또는 토지만 소유한 자에 대하여는 매도청구를 할 수 있다.

2학기 1장 제2절 재건축의 절차

I 재건축의 절차

1. 재건축의 절차(출처: 네이버 지식백과 / 서울특별시 알기 쉬운 도시계획 용어, 2012. 1., 서울특별시 도시계획국)

가. 주택재건축사업은 조합이 이를 시행하거나 조합이 조합원 과반수의 동의를 얻어 시장·군수 또는 주택공사 등과 공동으로 이를 시행할 수 있다.

나. 시행 방법은 정비구역안 또는 정비구역이 아닌 구역에서 인가받은 관리처분계획에 따라 공동주택 및 부대·복리시설을 건설하여 공급

하는 방법에 의한다.
다. 주택재건축사업의 추진위원회가 조합을 설립하고자 하는 때에는 주택단지안의 공동주택의 각 동(복리시설의 경우에는 주택단지안의 복리시설 전체를 하나의 동으로 본다)별 구분소유자 및 의결권의 각 3분의 2 이상의 동의(공동주택의 각 동별 세대수가 5 이하인 경우는 제외)와 주택단지안의 전체 구분소유자 및 의결권의 각 4분의 3 이상의 동의를 얻어 정관 및 규정된 서류를 첨부하여 시장·군수의 인가를 받아야 한다.
라. 주택재건축사업조합은 사업시행인가를 받은 다음 경쟁입찰 방식을 통해 건설업자 또는 등록사업자를 시공자로 선정하여야 한다.
마. 한편 과밀억제권역에서 주택재건축사업을 시행하는 경우 사업시행자는 세입자의 주거안정과 개발이익의 조정 등을 위해 당해 주택재건축사업으로 증가되는 용적률 중 100분의 25의 비율 이상에 해당하는 면적을 임대주택으로 공급하여야 하며, 건축관계 법률에 의한 건축물 층수제한 등 건축제한으로 용적률의 완화가 사실상 불가능한 경우에는 『도시 및 주거환경정비법』 시행령에 따라 임대주택 공급 비율을 따로 정할 수 있다. 다만, 용적률의 상승폭, 기존주택의 세대수 그 밖의 사업내용이 『도시 및 주거환경정비법』 시행령에서 규정하는 기준 이하인 경우에는 임대주택을 공급하지 아니할 수 있다.
바. 또한 『재건축 초과이익 환수에 관한 법률』에 의해 정상주택가격상승분을 초과하여 당해 재건축조합 또는 조합원에 귀속되는 주택가액의 증가분에 대해 재건축부담금을 징수하여 국민 주택기금에 100분의 50, 당해 특별시·광역시·도·제주특별자치도에 100분의 20이,

당해 시·군·구(자치구)에 100분의 30이 각각 귀속하도록 규정하고 있다.

사. 재건축임대주택은 국토해양부장관, 시 도지사 또는 주택공사 등에 재건축임대주택의 건설에 투입되는 건축비를 기준으로 법률에 규정된 가격으로 공급해야 하며, 사업시행자는 사업시행인가를 신청하기 전에 미리 재건축임대주택의 규모 등 재건축임대주택에 관한 사항을 인수자와 협의하여 사업시행계획서에 반영하여야 한다.

아. 또한 사업시행자는 주택재건축사업을 시행함에 있어 조합 설립의 동의를 하지 아니한 자(건축물 또는 토지만 소유한 자를 포함)의 토지 및 건축물에 대하여는 『집합건물의 소유 및 관리에 관한법률』의 규정을 준용하여 매도청구를 할 수 있다.

2. 주택재건축사업 시행을 위한 정비구역 지정요건

가. 주택재건축사업을 위한 정비계획은 주택재개발·주거환경개선 및 도시환경정비사업의 지정요건에 해당하지 아니하는 지역으로서 다음의 어느 하나에 해당하는 지역이다.

> 1. 기존의 공동주택을 재건축하고자 하는 경우 다음에 해당하는 지역
> (가) 건축물의 일부가 멸실되어 붕괴 그 밖의 안전사고의 우려가 있는 지역

(나) 재해 등이 발생할 경우 위해의 우려가 있어 신속히 정비사업을 추진할 필요가 있는 지역
(다) 노후·불량건축물로서 기존 세대수 또는 재건축사업후의 예정세대수가 300세대 이상이거나 그 부지면적이 1만m2 이상인 지역
(라) 3 이상의 공동주택단지가 밀집되어 있는 지역으로서『도시 및 주거환경정비법』규정에 의한 안전진단 실시결과 3분의 2 이상의 주택 및 주택단지가 재건축 판정을 받은 지역

2. 기존의 단독주택(나대지 및 단독주택이 아닌 건축물을 일부 포함할 수 있다)을 재건축하고자 하는 경우에는 단독주택 200호 이상 또는 그 부지면적이 1만m2 이상인 지역으로서 다음에 해당하는 지역. (다만, 당해 지역안의 건축물의 상당수가 붕괴 그 밖의 안전사고의 우려가 있거나 재해 등으로 신속히 정비사업을 추진할 필요가 있는 지역은 다음에 해당하지 아니하더라도 정비계획을 수립할 수 있음)
(가) 당해 지역의 주변에 도로 등 정비기반시설이 충분히 갖추어져 있어 당해 지역을 개발하더라도 인근지역에 정비기반시설을 추가로 설치할 필요가 없을 것. 다만, 추가로 설치할 필요가 있는 정비기반시설을 정비사업시행자가 부담하여 설치하는 경우는 예외

> (나) 노후·불량건축물이 당해 지역 안에 있는 건축물수의 2/3 이상이거나, 노후·불량건축물이 당해 지역 안에 있는 건축물의 1/2 이상으로서 준공 후 15년 이상이 경과한 다세대 주택 및 다가구 주택이 당해 지역 안에 있는 건축물 수의 3/10 이상일 것

제3절 재건축의 핵심포인트

I 재건축의 핵심포인트

1. 재건축추진의 효용가치

가. 재건축 이전과 이후의 주택환경의 변화정도에 주목해야 한다.
나. 주택도 새것에 대한 선호도가 높다. 건축연도가 오래되어 불편한 아파트와 신축아파트와의 가격차이는 더 벌어질 수도 있다.
다. 재건축이후 가격이 상승되면 재산가치 상승은 물론이고 주택연금 수령시에도 유리하다.
라. 저금리시기일수록 은행예금은 너무 금리가 낮고, 주식과 펀드와 같은 실적배당형 금융상품은 기대수익대비 위험도가 높다고 느끼는

상황에서 재건축아파트는 상대적으로 기대수익과 위험도측면에서 유리하다고 판단하는 사람들이 많아지고 있다.
마. 재건축사업은 재개발사업에 비하여 상대적으로 사업추진가능성과 추진속도 측면에서 유리한 측면도 있지만, 기대수익률은 오히려 재개발사업보다 낮을 수도 있다.
바. 주변의 아파트시세가 오래된 아파트나 다른 지역의 유사한 아파트에 비하여 특히 최근에 분양된 인근의 재건축아파트의 시세가 낮은 지역이라면 그만큼 수요가 많지 않다는 의미이므로 투자에 신중해야 한다.

2. 재건축 추진기간

가. 재건축은 재개발에 비하여 추진기간이 상대적으로 짧은 편이다.
나. 그러나 일부 재건축사업단지의 경우 사업진행절차의 미숙과 부동산 경기 위축으로 10년 이상 장기간으로 이어지고 있다.
다. 재건축은 주로 기존의 특정 공동주택을 대상으로 하기 때문에 일반적인 추진기간보다는 개별사업의 특성을 고려하는 것이 합리적이다.
라. 재건축의 추진기간이 길면 길수록 비용증가와 재투자기회상실 등의 불이익이 발생한다.
마. 재건축의 처음부터 끝까지 전체 과정으로 투자기간을 설정하지 않고 중간에 매매를 통하여 스스로 투자기간을 단축할 수도 있다.

3. 재건축완료시점의 부동산시세(기대수익)

가. 투자자의 입장에서 재건축투자의 가장 큰 매력은 미래시점의 고가주택(아파트)을 저렴한 가격으로 미리 구매한다는 점이다.
나. 그러나 재건축사업이 완성되는 시점의 경제환경이 매우 나쁠 것으로 확실시 된다면 투자자의 외면과 거주민들의 부동의로 재건축사업 자체가 지연되거나 취소될 수 있다.
다. 재건축수익률은 펀드와 같은 금융상품과 비교시 기대수익률은 별 차이가 없지만 총수익의 크기는 압도적으로 크다. 그 이유는 금융상품투자에 비하여 투자금액과 투자기간이 월등히 크고 길기 때문이다. 또한 재건축물건은 물가상승률이 반영되는 자산이다.
라. 시중금리가 하락하는 시기에는 재건축투자에 대한 기대수익률도 낮추는 것이 좋겠다.

4. 대지지분

가. 대지지분이 많은 곳을 선택해야 한다. 대지지분이 많으면 재건축 후에 좀더 큰 면적의 신축아파트를 무상으로 받을 수 있기 때문이다. 이 때 기존주택의 건평은 의미가 없다. 왜냐하면 재건축을 하더라도 총대지면적이 증가하는 것이 아니고 수직적으로 고밀도개발이 된 것이기 때문이다. 즉 종전의 대지지분의 크기만을 기준으로 증가하는 건물의 전체면적을 나눠주는 형식이다.
나. 향후 재건축 완료시 기존의 대지지분면적에 무상지분율을 곱한 만

큼 신규분양아파트의 건평을 받을 수 있다.
다. 저층인 재건축대상 주택의 경우 총대지면적대비 세대수와 건축연면적이 작기 때문에 물건별 대지지분이 많아서 재건축의 투자메리트가 높은 편이다.

5. 무상지분율

가. 재개발사업에서 비례율이 높아야 하듯이 재건축사업에서는 무상지분율이 높은 물건을 선택해야 한다.
나. 무상지분율이란 아파트를 재건축할 때 시공사가 대지지분을 기준으로 어느 정도의 평형을 추가분담금없이 조합원에게 제공해 줄 수 있는 지 나타내는 비율이다.
다. 재개발사업의 비례율 대신 무상지분율이라는 용어가 사용되는 이유는 기존주택과 신규주택의 관계가 공동주택 대 공동주택이기 때문이다. 재개발사업에서 사용하는 비례율이라는 용어는 기존의 단독주택, 다가구주택, 연립주택, 아파트 등 여러 종류의 주택형태가 섞여 있던 상태에서 재개발의 결과로 인하여 일률적으로 고층의 아파트를 받기 때문에 재개발 전후의 자산가치에 대한 공정하고 객관적인 교환가치의 개념에서 비롯되어 사용되는 용어다.

6. 대단지와 적은 조합원 수

가. 대단지이면서 조합원 수가 적은 재건축의 대지지분에 투자하는 것이

좋다.

나. 일반적으로 대단지라 함은 수도권 기준으로 1천세대 이상을 말한다. 대단지일 경우 단지내 조경시설의 퀄리티와 랜드마크로서의 아파트 지위를 확보할 수 있고 무엇보다도 많은 주민수를 앞세운 강한 주민 파워를 기대할 수 있다.

다. 조합원이 많지 않으면 일반분양이 많아져서 조합원의 이익이 커진다.

7. 이주비

가. 이주비 금액이 높은 구역을 골라야 한다.

나. 이주비가 많이 나오면 초기투자비용을 낮추는 효과를 가지고 오게 된다.

다. 이주비는 일반적으로 무이자로 지급되기 때문에 처음에 금융권에 도움을 받아 조합원자격을 얻더라도 이주비로 그 금액을 차감하면 되기 때문에 초기 투자비용에 대한 부담이 크게 줄어든다

라. 그러나 이주비를 너무 많이 지급하는 곳이면 건설사에 대한 부담이 커져 개발이익이 낮아지는 리스크도 있다.

8. 정보파악

가. 재건축조합사무실에 가서 추진경위와 진행단계를 청취한다.

나. 인근 부동산업소에 가서 객관적인 의견을 청취한다.

다. 관할 시군구의 담당자와 면담을 하여 공신력있는 관공서정보를 청

취한다.

9. 세금관리

가. 재건축투자를 하여 아무리 많은 수익을 확보하였더라도 양도소득세를 최대치로 납부한다면 세후수익률은 크게 낮아지게 된다.

나. 부동산관련 세금정책을 면밀하게 파악하여 세금을 공제한 후의 실제수익률을 기준으로 투자여부를 결정하는 것이 현명하다.

※용어해설 : 노후불량주택의 요건

1. 건축물의 일부가 멸실되어 붕괴되거나 그 밖에 안전사고의 우려가 있는 경우
2. 20년 이상이 경과되어 과다한 수선유지비나 관리비용이 드는 경우
3. 20년 이상이 경과되고, 주거환경이 불량하여 재건축 후 큰 효율증가가 예상되는 경우
4. 시장·군수·구청장 등이 도시미관·토지이용도·난방방식·구조적 결함 등으로 재건축이 불가피하다고 인정하는 경우
5. 재해위험이 있다고 시장 등이 인정하는 단독·다세대주택의 경우

(출처: 네이버 지식백과 / 시사상식사전, 박문각)

부동산 6대 영역, 리모델링은 이런 점이 포인트입니다.

2학기 2장 제1절 리모델링이란?

I 리모델링이란?

1. 리모델링이란?

(1) 리모델링(remodeling)의 개념

가. 건축법에는 건물의 노후화를 억제하거나 기능향상을 위하여 대수선하거나 일부 증축하는 행위를 리모델링으로 정의하고 있다.

나. 리모델링이 쉬운 구조의 공동주택에 리모델링건축을 촉진하기 위하여 공동주택을 일정한 요건에 적합한 구조로 하는 경우에는 용적률, 가로구역별 건축물의 최고높이, 일조권 등의 확보를 위한 건축물의 높이제한을 일정 범위 내에서 완화하여 적용할 수 있다.

다. 일정한 요건에는 다음과 같은 것들이 있다. 각 세대는 인접한 세대와 수직 및 수평방향으로 통합하거나 분할할 수 있을 것, 구조체에서 건축설비나 내부마감재료 및 외부 마감재료를 분리할 수 있을 것, 개별세대 안에서 구획된 실의 크기와 개수 또는 위치 등을 변경할 수 있을 것 등이다.

라. 주택법은 리모델링을 건축물의 노후화 억제 또는 기능향상 등을 위하여 증축, 개축 또는 대수선하는 행위라고 규정하며, 증축은 전유부분을 일정한 범위내에서 할 수 있도록 하고 공용부분도 별도로 증축할 수 있도록 허용하고 있다.

마. 「주택법」에서는 건축물의 노후화 억제 또는 기능 향상 등을 위하여 대수선을 하거나 일정 범위에서 증축을 하는 행위를 리모델링으로 정의하고 있으며, 공동주택의 입주자와 사용자 또는 관리주체가 공동주택을 리모델링하고자 하는 경우에는 시장·군수·구청장의 허가를 받아야 한다. 이 경우, 「도시 및 주거환경정비법」을 준용하여 안전진단을 하여야 하며, 안전진단 결과 건축물 구조의 안전에 위험이 있다고 평가되어 주택재건축사업의 시행이 필요하다고 결정된 공동주택의 경우에는 리모델링(증축을 위한 리모델링으로 한정)을 허가할 수 없다. 이 규정에도 불구하고 일정 요건을 충족하는 리모델링주택조합이나 소유자 전원의 동의를 받은 입주자대표회의는 시장·군수·구청장의 허가를 받아 리모델링을 할 수 있다.

바. 일정 범위에서 증축을 하는 행위는 사용검사일 또는 사용승인일부터 15년(15년 이상 20년 미만의 연수 중 시·도의 조례로 정하는 경우 그 연수)이 경과된 공동주택을 각 세대의 주거전용면적(건축물대장 중 집합건축물대장의 전유부분 면적)의 3/10 이내에서 전유부분을 증축하는 행위를 말한다. 이 경우 공동주택의 기능향상 등을 위하여 공용부분에 대해서도 별도로 증축할 수 있다.

사. 주택법과 동법 시행령에 따르면 리모델링 조합원은 공동주택의 소유자 또는 복리시설의 소유자 등이 된다. 소유권이 여러 명의 공유에

속하는 경우에는 수인을 대표하는 1인을 조합원으로 본다. 또한, 조합 외에 소유자 전원의 동의를 얻은 입주자대표회의도 시장, 군수, 구청장의 허가를 받아 리모델링할 수 있다.

아. 2013년말에 수직증축 리모델링에 대한 법안이 국회를 통과하였다. 이 법안 통과로 지어진지 15년 이상된 아파트는 기존 세대수의 15%까지 증축이 허용되는데 최대 3개층, 14층 이하는 2개층을 추가로 증축할 수 있게 되었다. 수혜를 받을 것으로 예상되는 지역은 15년 이상된 아파트가 많은 강남권, 분당이나 일산 등 1기 신도시가 될 것이다.

자. 리모델링은 재개발이나 재건축에 비하여 공사비가 저렴하고 사업기간을 단축할 수 있다는 장점이 있는 반면, 과밀문제와 신축이 아닌 부분적인 수선이라는 단점이 있다.

(2) 리모델링(remodeling)과 유사개념

가. 「건축법」에서 '개축(renovation)'과 '대수선(substantial repair)'은 건축 안전이라는 측면에서 개념적으로 구분하고 있다.

나. 건축물 전체를 철거하거나 그에 준하는 정도로 철거하는 수선을 개축이라고 한다. 개축은 가장 큰 범위의 수선으로 판단하여 건축행위의 범위에 포함하고 있다.

다. 건축물의 주요구조부를 변경하지만 건축물을 철거하는 수준에는 미치지 않는 정도의 수선을 대수선으로 규정한다. 건축물의 기둥, 보, 내력벽, 주계단 등의 구조나 외부형태를 수선변경하거나 증설하는 것으로서 대통령령으로 정하는 것이다. 대수선은 건축행위에는 포함되지 않는다.

라. 대수선보다는 개축이 수선의 범위가 더 넓다.

2. 리모델링과 재건축, 재개발과의 비교

(1) 리모델링과 재건축, 재개발과의 비교
가. 리모델링과 재건축, 재개발과의 비교

구분	리모델링	재건축	재개발
정의	건축물의 노후화 억제 또는 기능향상을 위하여 대수선 또는 대통령령이 정하는 범위 내에서 증축을 하는 행위	노후 또는 불량한 주택을 철거하고 그 대지 위에 주택을 건설하는 사업	재개발구역안에서 토지의합리적이고 효율적인 고도이용과 도시기능을 회복하기 위하여 시행하는 사업
근거법	주택법(주택법시행령,시행규칙건축법,건축법시행령등)	도정법 (도시및주거환경정비법,시행령, 시행규칙등)	도정법 (도시및주거환경정비법, 시행령,시행규칙등)
성격	재건축과 유사한 점이 많지만 노후주택을 헐지않고 사업이 진행됨	노후된 아파트단지를 중심으로 구성원들이 민간성격의 조합을 결성하는 경우가 많음	재개발은 공공성이 강하다는 점에서 민간주택사업인 재건축과 상이함
공급대상	조합원	조합원잔여분주택: 일반분양	조합원잔여분주택: 일반분양
조합구성원	건물소유자	토지등소유자중 재건축사업에동의한자 (나대지소유자조합원제외)	토지 등의 소유자
사업시행주체	리모델링주택조합	재건축조합	재개발조합, 지자체, LH, SH 등

구분	리모델링	재건축	재개발
사업시행절차 (주요단계)	기본계획 1차안전진단 조합설립추진위원회 조합설립,시공사선정 건축심의(기본계획검토) 행위허가(실시계획검토) 이주및철거 2차안전진단 착공및준공 입주	기본계획 안전진단 정비구역지정 추진위원회구성 조합설립 사업시행인가 관리처분계획인가 이주및철거 착공및준공 청산	기본계획 정비구역지정 추진위원회구성 조합설립 사업시행인가 관리처분계획인가 이주및철거 착공및준공 청산
사업범위	정비사업과 다르게 재개발이나 재건축처럼 노후주택을 헐지 않고 오래된 주택 또는 아파트 등을 골격은 그대로 유지하되 수선이나 증축을 통한 사용가치 증진이 목적임	상대적으로 양호한 도로 또는 기반시설은 유지한 채로 노후화된 공동주택인 건축물만을 다시 건설	단독주택,다가구주택, 연립,원룸등이 밀집 되고 도로가 협소한곳들이 대부분인 노후한 지역에서건물뿐만 아니라 그지역 전체를 새로이도로 부터 시작해서 토지분할까지전면시행 (달동네나판자촌과 같은곳의 도시재생사업 혹은뉴타운)
가능연한	준공이후 15년 이상 경과된 공동주택 (1기 신도시가 주요 대상)	1991년 이후 준공되었다면 40년 이상 경과된 공동주택 (준공시기에 따라 재건축 가능연한이 다를 수 있음)	별도기준은 없으나 재개발구역의 주택/도로 등 노후도 60~70% 조건 충족 필요(지자체별 조례에 따라 다름)
증축가능면적	기존주거전용면적의 10분의 3 이내 증축 가능	조합원잔여분주택: 일반분양	시, 도 조례에 정함
관리처분계획	불필요	필요	필요

제2절 리모델링의 핵심포인트

I 리모델링의 핵심포인트

1. 리모델링추진의 효용가치

가. 리모델링 이전과 이후의 주택환경의 변화정도에 주목해야 한다.
나. 주택도 새것에 대한 선호도가 높다. 재개발이나 재건축의 대상이 아니라도 리모델링을 통하여 오래된 아파트를 새것처럼 바꿀 수가 있다.
다. 리모델링이후 가격이 상승되면 재산가치 상승은 물론이고 주택연금 수령시에도 유리하다.
라. 리모델링은 투자가치보다는 실거주가치의 향상을 도모하는 행위다.
마. 실거주자가 아니더라도 투자자의 입장에서 리모델링을 통하여 시세차익을 추구할 수도 있다.

2. 리모델링 추진기간

가. 리모델링은 재개발이나 재건축에 비하여 추진기간이 상대적으로 가장 짧은 편이다.
나. 리모델링은 조합설립인가부터 준공까지 대개 4~5년 정도 소요된다.

3. 리모델링완료시점의 부동산시세(기대수익)

가. 투자자의 입장에서 리모델링투자의 가장 큰 매력은 현 보유주택의 시세보다 미래시점의 주택가격이 상승할 수 있다는 점이다.
나. 그러나 리모델링사업이 완성되는 시점의 경제환경이 매우 나쁠 것으로 확실시 된다면 투자자의 외면과 거주민들의 부동의로 리모델링사업 자체가 지연되거나 취소될 수 있다.
다. 시기에 따라 조금씩 차이는 있지만 리모델링사업의 기대수익률은 재개발이나 재건축보다는 낮을 수 있으므로 가급적 투자목적 대신 실거주목적으로 접근하는 것이 바람직하다.
라. 시중금리가 하락하는 시기에는 리모델링투자에 대한 기대수익률도 낮추는 것이 좋겠다.

4. 리모델링과 증축

가. 향후에는 리모델링 장려정책이 많이 생겨날 것으로 기대된다. 과거 수도권의 1기 신도시를 중심으로 많은 기존아파트들의 건축연한이 지나고 있으나 여러 가지 상황으로 재개발이나 재건축이 현실적으로 만만치 않다.
나. 따라서 도시의 인프라를 증설하지 않으면서도 노후아파트를 새것처럼 바꿀 수 있는 리모델링에 대한 인센티브를 많이 제공할 것으로 보인다.
다. 구체적인 인센티브는 주민동의율 완화, 증측면적의 증가 등이다.
라. 증축하는 면적은 일반분양이 되어 조합원들의 금전적인 부담(추가분담금)을 최대 50%까지 줄여줄 수 있다.

※용어해설 : 조례(條例)

지방자치단체가 법령의 범위 안에서 제정하는 자치입법의 하나로, 지방의회의 의결에 의해 제정된다.

헌법 제117조는 '지방자치단체는 주민의 복리에 관한 사무를 처리하고 재산을 관리하며, 법령의 범위 안에서 자치에 관한 규정을 제정할 수 있다.'라고 함으로써 지방자치단체에 자치입법권을 부여하고 있다.

지방자치단체가 행사하는 자치입법권에 의해서 제정되는 법규범에는 조례와 규칙이 있다. 조례는 지방의회의 조례입법절차에 의해 제정되는 법규범인데 비하여, 규칙은 지방자치단체의 장이 제정하는 법규범이다.

지방자치법 제22조는 헌법 제117조의 규정에 의거 "지방자치단체는 법령의 범위 안에서 그 사무에 관하여 조례를 제정할 수 있다"라고 규정하고 있다. 따라서 조례는 '법령의 범위 안'에서 제정할 수 있다는 것이고, 또한 '지방자치단체의 사무에 관하여'만 제정할 수 있다.

(조례의 발의와 제정절차)

조례 제·개정안이 발의되는 경우는 세 가지인데, 지방자치단체장의 발의, 지방의원들의 의원발의 그리고 주민발의이다.

지방의원들의 의원발의에는 재적의원 1/5이상 또는 10인 이상의 의원의 연서가 필요하다.

해당 주민들의 '주민발의'에는 지방자치법 시행령에서 정한 일정 수 이상의 주민 연서가 필요하다.

현행 지방자치법은 "19세 이상의 주민으로서 ▷시·도와 제175조에 따른 인구 50만 이상 대도시에서는 19세 이상 주민 총수의 100분의 1 이상 70분의 1 이하 ▷시·군 및 자치구에서는 19세 이상 주민 총수의 50분의 1 이상 20분의 1 이하의 범위에서 지방자치단체의 조례로 정하는 19세 이상의 주민 수 이상의 연서(連署)로 해당 지방자치단체의 장에게 조례를 제정하거나 개정하거나 폐지할 것을 청구할 수 있다."고 규정하고 있다.

또 시행령에 의하면 20세이상 주민수가 1만5천명 미만인 경우 필요한 연서주민수는 370명이며 주민수가 늘어날수록 필요한 연서주민수도 늘어나 주민수 700만이상인 경우 14만명의 연서가 필요하다.

조례의 제정절차는 지방의회에서 의결된 조례안이 5일안에 지방자치단체장에게 이송되면 단체장이 20일 이내에 이를 공포하고, 특별한 규정이 없는 한 공포된 날로부터 20일이 경과하면 효력을 발생한다.

지방자치단체의 장은 조례안에 이의가 있을 때 재의를 요구할 수 있지만 조례안의 일부나 조례안을 수정하여 재의를 요구할 수 없으며 재의에서 다시 의결되면 조례로서 확정된다. 지방자치단체는 조례로써 조례위반행위에 대하여 1천만원 이하의 과태료를 정할 수 있다.

조례의 효력은 지방자치단체의 구역 안에만 미치며, 헌법이나 법률에 위반되는지의 여부가 재판의 전제가 된 때에는 대법원이 최종심사의 권한을 가진다.

(출처: 네이버 지식백과 / 시사상식사전, 박문각)

부동산 7대 영역, 공경매는 이런 점이 포인트입니다

2학기 3장 **제1절 부동산경매란?**

I 부동산경매란?

1. 부동산경매의 의미

가. 돈을 빌려간 채무가가 약속한 기일까지 돈을 갚지 못할 경우 돈을 빌려준 채권자가 법원에 의뢰하여 채권회수를 하는 공적인 제도다.

나. 경매는 강제경매와 임의경매의 두 종류가 있다.

다. 강제경매는 집행권원을 가진 채권자가 그 집행권원(강제집행을 실행시킬 일정한 사법상의 이행청구권의 존재와 범위를 밝힌 공적증서)에 표시된 이행청구권의 실현을 위하여 채무자소유의 부동산을 압류한 후 그 부동산을 경매하고 받은 대금으로 금전채권의 만족을 얻는 제도다. 강제경매는 채무자의 일반재산에 대한 경매이고 예견되지 않은 경매로써 인적담보의 성질을 가진다

> ※집행권원의 종류
> 1. 확정된 이행판결
> 2. 확정된 지급명령
> 3. 가집행선고부판결
> 4. 확정판결과 동일한 효력이 있는 조서(재판상 화해조서, 청구인락조서, 조정조서)
> 5. 공증인이 공증한 문서 중 금전이나 유가증권의 채무이행에 관한 문서로서 채무자가 강제집행을 승낙한 취지의 기재가 있는 것

라. 임의경매는 담보물권, 가등기담보, 전세권 등이 가진 경매권에 의하여 실행되는 경매이므로 집행권원이 필요없다. 임의경매는 특정재산에 대한 경매이며 예견된 경매로써 물적담보의 성질을 갖는다. 임의경매의 대표적인 것이 저당권실현을 위한 경매다. 임의경매의 실행요건은 담보물권의 존재, 피담보채권의 존재, 채무이행기의 도래 3가지다.

마. 법원에서는 다수의 매수희망자 가운데 높은 가격을 제시한 사람에게 낙찰해 준다.

바. 강제경매와 임의경매의 절차는 모두 동일하다.

사. 경매참여자의 입장에서 중요한 것은 경락 후에 소멸되는 권리와 인수되는 권리를 바로 아는 것이다.

※경매로 소멸되는 권리

1. 저당권(근저당), 압류(가압류), 담보가등기는 순위에 상관없이 항상 소멸
2. 배당요구를 한 전세권
3. 말소기준권리(저당권, 압류, 담보가등기 중 가장 빠른 권리)보다 뒤에 오는 용익물권(지상권, 지역권, 전세권, 임차권, 가처분, 환매등기) 등
4. 강제경매 시 경매개시결정등기보다 뒤에 경료된 용익물권 등

※경매후에도 인수되는 권리

1. 법정지상권과 유치권은 낙찰자에게 항상 인수됨
2. 예고등기는 존속됨
3. 말소기준권리보다 앞에 오는 용익물권 등은 인수됨

2. 경매절차

가. 경매절차(출처 : 대한민국법원)

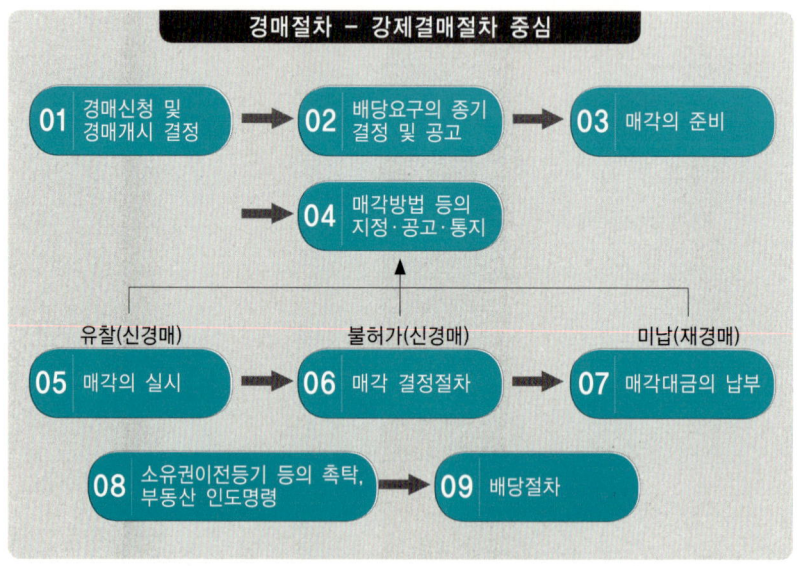

2학기 3장 ## 제2절 부동산공매란?

I 부동산공매란?

1. 부동산공매의 의미

가. 한국자산관리공사나 금융기관, 국가, 지방자치단체 및 공공단체가 부동산을 일반경쟁방법 등에 의해 공개적으로 매각하는 공적인 제도다.

나. 부동산 등을 처분할 때 모든 정보를 공개하고 매각하는데 공매의 90% 이상은 한국자산관리공사(캠코)에서 주관한다. 가끔 은행에서 자체적으로 실행하는 공매가 있지만 세무서 등 공공단체는 거의 공매를 진행하지 않는다.

> ※한국자산관리공사에서 집행하는 공매
> 1. 비업무용 부동산공매
> 2. 유입부동산공매
> 3. 고정자산공매
> 4. 압류부동산공매
> 이 중에서 일반인들에게 인기를 끌고 있는 공매는 유입부동산

공매다.

유입부동산공매는 금융기관의 부실채권의 정리과정에서 한국자산관리공사가 직접 사들여 소유권을 취득한 재산과 부실징후 기업체를 지원하기 위해 기업체로부터 취득한 재산을 일반인에게 다시 매각하는 공매다.

다. 공매에서 주로 취급하는 물건은 금융기관이 채권회수를 목적으로 법원경매를 통해 담보물건으로 취득한 비업무용 부동산과 국세, 지방세 체납에 따른 압류재산 등이다.

라. 물건소재지, 매매가격, 종별, 수량 등 물건의 기본적인 상태와 각 건물에 대한 개별적인 매각조건을 고지한 후 일반경쟁 입찰을 통해 처분한다.

마. 공매는 대중성, 공정성, 신뢰성의 특징을 가지고 있으므로 다수의 물건을 동시에 공개적으로 매각하는 형태를 띠고 있다.

바. 경매와 공매의 법률적인 가장 큰 차이점은 경매는 사인간의 채권과 채무를 국가의 공권력이 개입해 정리하는 것이므로 민사집행법의 영향을 받는 데 비해, 공매는 공법상의 행정처분으로 국세징수법의 영향 아래에 있다는 점이다.

2. 공매대상범위(온비드)

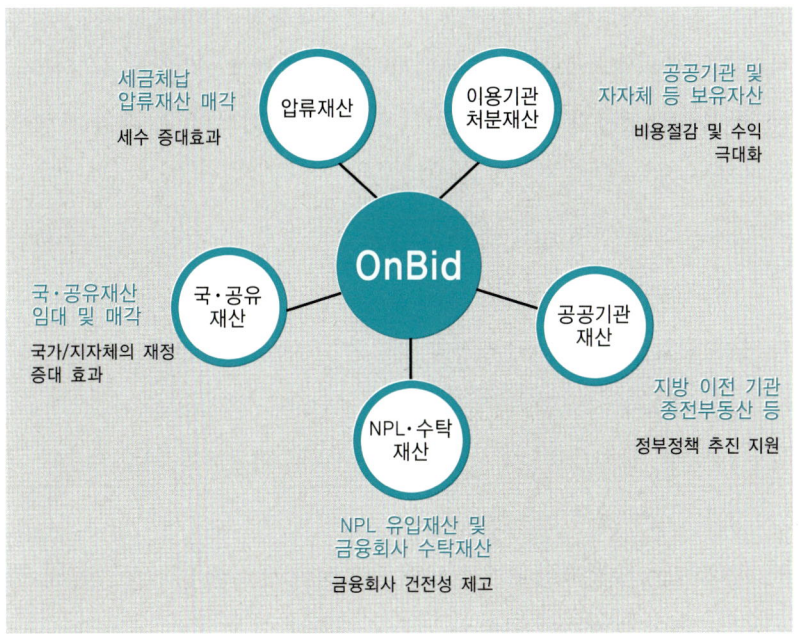

3. 공매절차

가. 부동산공매는 국세징수법에 따라 캠코에 수임의뢰해 실행한다.

나. 온비드(전자자산처분시스템)에 의한 인터넷(www.onbid.co.kr)공매로 입찰할 수 있다.

다. 공매는 캠코의 온비드 홈페이지와 캠코의 게시판 및 신문에서 공고를 병행하고 있다.

라. 입찰에 참가하려는 자는 반드시 온비드에 회원가입하고 실명확인을 위해 공인인증서를 등록해야 한다.

마. 온비드에 공고된 물건에 대해 지정된 입찰기간 동안 인터넷 입찰서를 제출하고 입찰가격의 10% 이상의 보증금을 계좌에 입금한다.

바. 일반경쟁입찰로서 가장 높은 가격에 응찰한 자가 낙찰자로 결정된다.

사. 동일가격 낙찰자가 2인 이상일 때는 온비드가 무작위 추첨을 통해 낙찰자를 정한다.

아. 공유재산이 공유물의 지분인 경우 공유자가 우선매수를 신고하면 공유자에게 우선매수권이 있다.

자. 유찰되었을 경우에는 다음 공고일 전일까지 최종공매조건으로 누구나 자유롭게 계약할 수 있다.

차. 낙찰자는 매각결정통지서를 교부받아 납부기한까지 매수대금을 지정된 입금계좌에 납부해야 한다.

카. 유입자산, 수탁자산은 할부금이 원칙이나 매각금액과 부동산의 종류에 따라 대금을 지급하는 기간이 다르다.

타. 공개경쟁입찰을 실시했으나 매수자가 없는 경우 다시 공매기일을 정해 재공매를 한다. 압류부동산 공매는 유찰계약이 불가능하므로 반드시 재공매를 실시한다.

제3절 부동산 경매와 공매의 비교

I 부동산 경매와 공매의 비교

1. 부동산 경매와 공매의 비교

구분	경매	공매
적용법	민사집행법	국세징수법
집행기관	법원	한국자산관리공사(캠코)
입찰장소	법원경매법정	온비드(인터넷)
매각방법	입찰	입찰 또는 수의계약
대금납부	일시불	분할납부 가능(최장 5년)
가격인하율	20%	10%
사전점유	사전점유 불가능	사전점유 가능
계약자명의변경	명의변경 불가능	명의변경 가능
명도책임	낙찰자	한국자산관리공사(캠코)
토지거래허가	면제	허가필요(예외 3회 이상 유찰시 면제)
농지취득자격증명	증명 필요	증명필요
소유권취득	경매낙찰금액 완납후 소유권 취득	매매대금의 일부만 납부해도 가능

2. 부동산 경매와 공매의 장단점

가. 장점

구분	경매	공매
장점	시가보다 저렴하게 취득 (2회차부터 최초 입찰가의 20%씩 하락)	법원에 가지 않고 온라인으로 가능 (캠코의 온라인 입찰시스템 온비드 이용)
	공매에 비해 물건이 다양해 선택의 폭이 넓음	캠코가 처분하는 부동산이므로 공신력이 높음
	토지거래규제지역 내 토지를 낙찰 받더라도 이미 토지거래허가를 받은것으로 간주해 별도의 허가를 받는 절차가 불필요함	유입재산, 수탁재산인 경우 명도 책임은 대부분 캠코에서 부담함 (일부 매수자가 명도책임을 지는 경우 있음)
	경매물건을 낙찰 받고 잔금을 납부하면 법원이 기존등기부상설정 된 권리들을 말소해줌	매매대금을 전액 납부하지 않아도 소유권이전이 가능함
	농지 외의 모든 허가절차 면제	유입재산, 수탁재산인 경우 경매과정에서 모든 권리가 소멸되고 소유권이 이전되어 권리의 하자가 없음(명도책임은 캠코에 있음)
		경매와 달리 공매에는 장기할부, 선납과 감액등 대금납부 조건이 편리함
		압류된 자산을 캠코에서 투명하게 정보공개를 하기때문에 쉽게 정보 획득가능

나. 단점

구분	경매	공매
단점	권리분석이 어려움 (서류상으로 추정하는 부분이외에 직접적인 현장조사 별도 필요함)	공매대상 물건이 압류물권과 국유재산등이 주가되기 때문에 경매에 비해 선택폭이 좁음
	낙찰자가 명도책임	유입자산, 수탁자산 구입시 명도책임이 매도자인지 매수자인지를 확인해야 함(매수자가 명도책임을 지는 경우도 있기 때문)
	통상 매각허가결정후 한 달이내에 낙찰대금을 완납해야 하기 때문에 단기간에 많은 자금준비 필요함	주거용건물의 경우 별도로 임차금의부담이 있는 경우도 있으며 토지거래허가대상인물건의 경우에는 관할관청으로부터 토지거래허가를 받아야함
		세금, 압류일자 또는 근저당설정등기 이전의 가등기, 가처분 및 지상권등은 말소되지 않으므로 사전에 등기부등본을 열람해야함
		모든 인수책임은 낙찰자가 해야하기 때문에 경매의인도명령절차 없이 낙찰자가 직접 명도소송 해야함

제4절 부동산 공경매의 핵심포인트

I 부동산 공경매의 핵심포인트

1. 현장답사

가. 물건과 현장상황의 일치여부를 반드시 체크해야 한다. 특히 대지(임야)는 지적도(임야도)를 발급받아서 현장과 대조해야 한다.
나. 물건지주변의 도로현황이 도면과 일치하는지 확인해야 한다.
다. 주민들에게 물건지에 대한 특이사항여부를 청취한다.
라. 발품을 많이 팔수록 현장에 대한 안목이 생긴다.

2. 권리분석

가. 권리분석은 법정지상권이나 유치권처럼 경매후에도 인수되는 권리에 집중해야 한다.
나. 공경매는 법률에 의거하여 진행되는 활동이므로 투자자도 최소한의 법률공부를 해야 한다.
다. 지인중에서 법률전문가 한 명을 공경매분야의 멘토로 활용하는 인맥을 갖춰야 한다. 만약 그런 인맥이 없다면 유료서비스라도 꼭 받아야 한다.

3. 임차인확인

가. 주택경매의 경우에는 임차인의 존재를 반드시 확인해야 한다. 반면에 주택이 아닌 물건의 경우 임차인은 낙찰자와 상관이 없다.

나. 임차인 중에서 낙찰자에게 대항할 수 있는 케이스를 유의해야 한다.

다. 허위의 임대차계약서 등 인위적인 조작으로 임차인 행세를 하는 위장임차인을 분별하여 대처해야 한다.

4. 낙찰가와 미래시세

가. 경매장의 분위기에 휩쓸려서 고가입찰의 우(愚)를 범하면 안된다.

나. 부동산경기가 하락하는 경우 공경매대상물건의 낙찰가와 미래시세가 역전되어 오히려 손해를 볼 수도 있다.

다. 아파트와 같은 주택의 경우는 경매절차를 통하여 낙찰받는 것보다 대상물건이 속한 단지에서 급매물을 일반매수하는 것이 유리할 수 있다.

5. 실수요자마인드

가. 공경매는 대부분 투자목적으로 접근하지만, 전문적인 투자자가 아니라면 자칫 고가입찰 또는 하자물건입찰의 경우 본인이 직접 이용할 수도 있다는 실수요자마인드가 필요하다.

나. 실수요자마인드가 특히 필요한 대상물건은 주택이나 오피스텔 또는

소액상가 등이다.

6. 자금계획

가. 공경매에 참여하는데는 최저매각가의 10% 금액만 있으면 가능하다.
나. 경매의 경우 낙찰허가결정확정일로부터 통상 한 달이내에 대금을 완납해야 한다.
다. 부족한 자금은 은행대출로 충당할 수 있지만 원금상환과 이자부담으로 인하여 수익률이 저하되거나 장기보유하기 어렵다.

※용어해설 : 입찰(入札)
청부 또는 매매의 계약에 앞서 다수의 업자가 각각 가액을 자유롭게 기입한 종이를 봉하여 발주자에게 동시에 제출하는것. 이것을 업자의 면전에서 개찰하여 청부, 구입에 대해서는 최저, 매각에 대해서는 최고의 가격을 제시한 업자에게 낙찰하여 계약하는 것이 원칙이다.
(출처: 네이버 지식백과)

※용어해설: 유입자산(流入資産)
한국자산관리공사에서 관리 매각하고 있는 자산은 인수 또는 위탁기관에 따라 유입자산, 고정자산, 수탁재산, 압류재산, 국유재산으로 구분한다. 이중 유입자산은 금융기관의 구조개선을 위해 법원경매를 통해 한국자산관리공사 명의로 취득한 재산과, 부실징후기업 및 구조개선기업을 지원하기 위해 기업체로부터 취득한 자산을 일반인에게 다시 매각하는 부동산을 말한다.
(출처: 한국자산관리공사)

※용어해설 : 수탁재산(受託財産)
금융기관이 개인이나 법인에게 대출한 금액에 대하여 대출금연체, 부도, 파산 등으로 대출금을 회수할 필요가 있을 경우, 관할 법원에 담보물건을 경매 신청하게 된다. 이때 대출금 회수를 위하여 금융기관 명의로 취득한 비업무용재산을 한국자산관리공사에 매각 위임한 재산과, 기업이 재무구조 개선을 목적으로 기업소유 비업무용부동산을 한국자산관리공사에 매각 위임할 경우 한국자산관리공사에서는 공매 또는 유찰 계약의 방법을 통하여 원매자에게 매각하고 있는 자산을 말한다.
한편 한국자산관리공사에서 관리 매각하고 있는 자산은 인수 또는 위탁기관에 따라 유입자산, 고정자산, 수탁재산, 압류재산, 국유재산으로 분류하는데, 수탁자산이라 함은 금융기관 및 기업체가 소유하고 있는 비업무용부동산으로 한국자산관리공사에 매각 위임된 자산을 말한다.

※용어해설 : 압류재산(attached property)
체납조세를 징수하기 위해서 세무서나 지방자치단체가 압류한 체납자 소유 재산을 말한다. 압류할 수 있는 재산은 재산을 압류하는 때에 체납자에게 그 권리가 귀속하고 있는 재산이어야 하고, 압류의 대상이 되는 재산은 이를 압류하여 환가하고 그 매각대금을 국세채권에 충당하는 것이므로 금전적 가치가 있는 것이라야 하며, 재산체납처분에 의한 압류재산의 환가 방법은 매각과 추심이기 때문에 압류의 대상이 되는 재산은 양도성이 있다든가 추심할 수 있는 재산이라야 한다. 한편 한국자산관리공사에서 관리 매각하고 있는 자산은 인수 또는 위탁기관에 따라 유입자산, 고정자산, 수탁재산, 압류재산, 국유재산으로 구분되는데, 이중 압류재산이라 함은 세금을 내지 못하여 국가기관 등이 체납자의 재산을 압류후 한국자산관리공사에 공매 대행을 의뢰한 재산을 말한다.

※용어해설 : 국유재산(國有財産, national assets)
넓은 의미로 국가존립의 물적기초 내지 그 활동의 자산적 결과로서 국가의 소유에 속하는 일체의 동산, 부동산 및 권리로서

공유재산, 사유재산에 대비되는 개념이다.

좁은 의미로는 법률로 정한 국유재산으로 국유재산법에 의해 통일적으로 관리되는 자산을 말한다. 즉 협의의 국유재산은 [국유재산법]에 열거하고 있는 것으로 [국유재산법]은 국유재산을 행정재산(공공용재산/공용재산/기업용재산)과 보존재산 및 잡종재산으로 구분하고 있다. 국유재산은 재정경제부장관이 총괄하되, 각 중앙관서의 장이 관리하고, 잡종재산은 원칙적으로 총괄청이 관리 또는 처분토록 하고 있다.

한편 한국자산관리공사에서 관리 매각하고 있는 자산은 인수 또는 위탁기관에 따라 유입자산, 고정자산, 수탁재산, 압류재산, 국유재산으로 구분하고 있는데, 국가로부터 관리와 처분을 위탁받아 임대(또는 매각)하는 재산(잡종재산)을 국유재산으로 구분하여 관리/매각업무를 추진하고 있다.

5학년

부동산 주요정책은
무엇인가요?

5학년

1학기

1장. 부동산정책은 수요보다 공급이 중요합니다.
2장. 한국은행에서는 이렇게 돈관리를 합니다.

부동산정책은 수요보다 공급이 중요합니다.

1학기 1장 **제1절 부동산공급정책**

I 부동산공급정책

1. 부동산공급정책

(1) 수요와 공급의 개념

가. 수요와 공급은 경제학에서 개별 상품 판매자와 구매자의 시장 관계를 나타낸다. '수요와 공급 모형'은 시장에서 거래되는 재화의 양과 시장에서 형성되는 가격을 결정하고 예측한다.

나. 수요는 경제주체들이 어떤 재화를 일정한 시간간격 안에 얼마나 많이 구매할 의향이 있는가를 나타낸 관계를 말하거나, 구입할 능력이 뒷받침된 상황에서 그 상품을 구입하고자 하는 욕구 혹은 계획을 말한다.

다. 공급은 경제학에서 생산자들이 어떤 재화를 일정시간 안에 얼마나 많이 생산할 의향이 있는가를 나타낸 관계이며, 어떤 상품을 판매하고자 하는 욕구나 계획을 말한다.

라. 부동산시장에서도 경제학적 수요와 공급의 원리가 마찬가지로 적용된다. 다만 고가이면서 거래절차의 복잡성 등으로 인해 일반적인 재

화에 비하여 비탄력적인 경향이 있다. 특히 공급은 수요에 비하여 더욱 비탄력적이다.
마. 현실적으로 수요는 가수요와 투기수요 그리고 대기수요 등 다양하게 존재한다. 반면에 공급은 착공부터 준공까지 반드시 일정한 기간이 수반된다.
바. 수요는 매수자 또는 투자자의 심리적인 요소가 강한데 비하여 공급은 토지와 건축에 관한 정책이나 건설경기 등 물리적인 요소가 강하다.

(2) 부동산공급정책

가. 우리 사회가 현대화되면서 부동산은 공공재의 성격이 더욱 강해졌다.
나. 수많은 가구가 소득을 만들고 편리한 생활을 영위하기 위하여는 산업시설, 상업시설, 주거시설, 학교시설 등이 필요하다.
다. 특히 주택의 경우 매년 멸실되거나 새로이 창출된 신규수요를 감당하기 위해서 신도시개발 또는 택지지구조성이 요구된다.
라. 모든 부동산은 용도지역이 부여되어 있어서 각각의 용도에 맞도록 개발되어야 한다. 특정의 용도에 대한 수요가 더 많아진다면 정책의 힘으로 용도변경을 통하여 초과수요에 대응한 부동산공급을 추진한다.
마. 아울러 용도지역 외에 토지의 효율적인 이용을 위하여 용도구역도 지정하여 관리하고 있다.
바. 정부는 대규모의 주택공급을 담당하기 위하여 한국토지주택공사와 같은 공공기관을 설립하여 운영하고 있다.

(3) 부동산공급기관

가. 한국토지주택공사(LH공사)가 대한민국의 부동산공급정책을 수행하고 있다.

나. LH공사 이외에 전국의 광역시도별로 부동산공급을 위한 자체 공공기관을 설립하여 운영하고 있다.

다. 주요 공급사업은 산업단지, 신도시, 택지지구 등의 조성이다.

2. 한국토지주택공사

(1) 한국토지주택공사의 소개

가. LH공사(한국토지주택공사)는 한국토지주택공사법에 의해 설립되었다.

나. 설립목적은 토지의 취득·개발·비축·공급, 도시의 개발·정비, 주택의 건설·공급·관리 업무를 수행하게 함으로써 국민주거생활의 향상 및 국토의 효율적인 이용을 도모하여 국민경제의 발전에 이바지함을 목적으로 한다.

다. LH공사의 자본금은 30조원이고 전액을 정부가 출자했다.

(2) 주요사업

가. 토지의 취득·개발·비축·관리·공급 및 임대

나. 토지 및 도시의 개발에 관한 다음 각 목의 사업
  - 주택건설용지·산업시설용지 및 대통령령으로 정하는 공공시설용지의 개발사업
  - 도시개발사업과 도시 및 주거환경정비사업
  - 주거·산업·교육·연구·문화·관광·휴양·행정·정보통신·복지·유

통 등(이하 이 목에서 "주거등"이라 한다)의 기능을 가지는 단지 또는 주거등의 기능의 단지 및 기반시설 등을 종합적으로 계획·개발하는 복합단지의 개발사업
　　– 간척 및 매립사업
　　– 남북경제협력사업
　　– 토지임대부 분양주택 사업
　　– 집단에너지 공급사업
다. 주택(복리시설을 포함한다)의 건설·개량·매입·비축·공급·임대 및 관리
라. 주택 또는 공용·공공용건축물의 건설·개량·공급 및 관리의 수탁
마. 저소득 취약계층을 위한 주거복지사업
바. 토지의 매매·관리의 수탁
사. 「공공토지의 비축에 관한 법률」, 「도시개발법」, 「보금자리주택건설 등에 관한 특별법」, 「산업입지 및 개발에 관한 법률」, 「주택법」, 「지역균형개발 및 지방중소기업 육성에 관한 법률」, 「택지개발촉진법」, 그 밖에 다른 법률에 따라 공사가 시행할 수 있는 사업
아. '가'부터 '마'까지 및 '사'의 사업에 따른 대통령령으로 정하는 공공복리시설의 건설·공급
자. '가'부터 '아'까지의 사업에 관련된 조사·연구·시험·기술개발·자재개발·설계·감리, 정보화사업과 그 용역의 제공
차. 국가·지방자치단체 또는 「국가균형발전 특별법」 제2조제10호에 따른 공공기관으로부터 위탁받은 '가'부터 '다'까지, '마', '사'부터 '자'까지에 해당하는 사업
카. 위 사업에 딸린 업무

(3) 사업자금 조달

가. 자본금과 적립금

나. 정부 또는 금융기관으로부터의 차입금

다. 제10조의 공사채의 발행으로 조성되는 자금

라. 「자산유동화에 관한 법률」에 따른 자산유동화, 그 밖에 대통령령으로 정하는 부동산 금융의 방법으로 조성한 자금

마. 자산운용수익금

바. 외국으로부터의 차입금

사. 그 밖의 수입금

3. 부동산관련통계

(1) 부동산관련통계

가. 국토교통부에 따르면 우리나라 주택보급률은 2014년 기준으로 103.5%이고, 주택보유수는 19,429천호다.

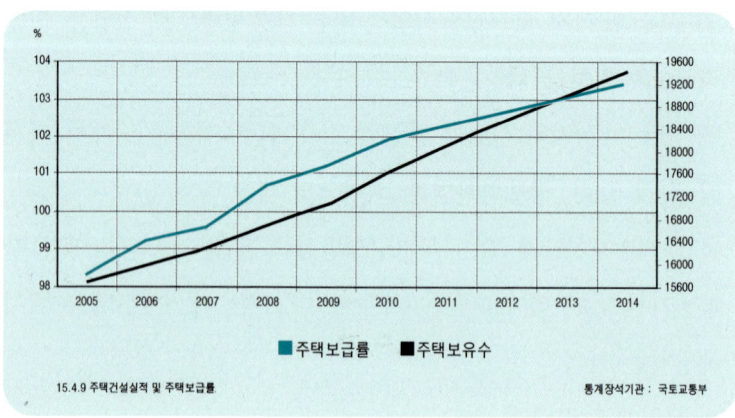

나. 2015년 기준 통계청의 자료에 따르면 유주택가구비율은 55.98%이고, 무주택가구비율은 44.02%로서 여전히 무주택가구비율이 적지 않다. 사실 선진국들도 무주택자비율이 우리나라와 크게 다르지 않다.

소득구분	2015		
	일반가구	주택소유 일반가구	무주택 일반가구
전국	19,111	10,699	8,412
서울특별시	3,784	1,875	1,909
부산광역시	1,336	786	550
대구광역시	929	533	396
인천광역시	1,045	612	434
광주광역시	567	323	245
대전광역시	583	321	262
울산광역시	423	265	159
세종특별자치시	75	41	35
경기도	4,385	2,433	1,951
강원도	606	334	272
충청북도	602	348	254
충청남도	796	446	350
전라북도	717	422	296
전라남도	721	431	289
경산북도	1,063	636	427
경상남도	1,258,	770	489
제주특별자치도	220	123	97

다. 사회통념상 자가주택의 보유여부에 따라 빈부차이를 구분하는데 지역별 주택가격차이가 크게 벌어지는 현실에서는 그렇지 않다. 예를 들어 강남지역의 방3칸짜리 모 아파트에 전세로 거주하는 가구의

전세보증금이 10억원을 넘고 있고, 반면에 강남권에서 1시간 이상 출퇴근하는 지역의 반지하 연립주택의 가격은 1억정도에 불과하다.

(2) 전국 지목별 면적(통계청)

가. 통계청자료에 따르면 전국의 모든 토지를 총 28개의 지목별로 면적을 비교한 결과 임야가 63.90%로 가장 넓고 뒤를 이어 답(11.49%), 전(7.69%), 도로(3.08%), 대지(2.92%)의 순위다. 집을 지을 수 있는 지목인 대지는 3%(면적순위 5위)가 채 안되는 것으로 나타났다.

지역명(1)	지목(1)	2015 면적	백분율(%)
전국 (2015년)	계	100,283,945,001.3	
	전	7,715,832,073.7	7.69
	답	11,517,754,752.2	11.49
	과수원	595,262,545.1	0.59
	목장용지	572,912,299.2	0.57
	임야	64,080,691,335.3	63.90
	광천지	5,285.3	0.00
	염전	96,754,877.0	0.10
	대	2,929,543,503.8	2.92
	공장용지	896,432,835.3	0.89
	학교용지	299,577,956.8	0.30
	주차장	27,165,371.0	0.03
	주유소용지	19,277,170.9	0.02
	창고용지	103,040,586.3	0.10
	도로	3,093,058,903.3	3.08
	철도용지	139,466,639.6	0.14

지역명(1)	지목(1)	2015	
		면적	
전국 (2015년)	제방	203,119,520.4	0.20
	하천	2,849,326,196.2	2.84
	구거	1,769,247,725.6	1.76
	유지	1,353,734,170.9	1.35
	양어장	19,776,128.0	0.02
	수도용지	51,897,571.4	0.05
	공원	199,691,005.0	0.20
	체육용지	310,268,721.4	0.31
	유원지	31,880,123.8	0.03
	종교용지	50,937,219.1	0.05
	사적지	18,796,930.6	0.02
	묘지	284,206,963.3	0.28
	잡종지	1,054,286,590.8	1.05

나. 도시가 팽창되는 동시에 쾌적한 주거환경 욕구가 커질수록 지목변경을 통한 대지의 비율은 점차 높아질 것으로 예상된다.

(3) 수도권 인구, 도시면적, 도시화율, 주택시세(통계청, 부동산앱 직방 2015년기준 / 주택가격은 2016.11.25 현재)

가. 수도권지역의 시군구별로 인구와 면적 그리고 도시화율을 비교하고, 이 데이터와 주택시세와의 상관관계를 비교해보면 몇 가지 트렌드를 파악할 수 있다.

인구순위			도시구역면적순위			매매가순위		단위(만원,㎡,%)		
	인구(명)	순위		전체면적(㎡)	도시화율(%)	도시구역(㎡)	순위		3.3㎡당	순위	매매가	전세가	전세가율
서울특별시	9,904,312		서울특별시	605,958,000		605,958,000		서울특별시	2117		640	462	72%
송파구	634,941	1	서초구	47,138,000	100%	47,138,000	1	강남구	4,136	1	1,251	744	59%
강서구	570,507	2	강서구	41,400,000	100%	41,400,000	2	서초구	3,679	2	1,113	666	60%
노원구	562,996	3	강남구	39,550,000	100%	39,550,000	3	용산구	2,853	3	863	530	61%
강남구	541,688	4	노원구	35,460,000	100%	35,460,000	4	송파구	2,813	4	851	532	63%
관악구	519,622	5	송파구	33,890,000	100%	33,890,000	5	성동구	2,559	5	774	564	73%
은평구	478,374	6	은평구	29,720,000	100%	29,720,000	6	마포구	2,407	6	728	592	81%
양천구	465,512	7	관악구	29,570,000	100%	29,570,000	7	광진구	2,327	7	704	536	76%
성북구	456,844	8	강동구	24,580,000	100%	24,580,000	8	양천구	2,294	8	694	489	70%
구로구	444,832	9	영등포구	24,560,000	100%	24,560,000	9	영등포구	2,149	9	650	452	70%
강동구	444,385	10	성북구	24,550,000	100%	24,550,000	10	동작구	2,129	10	644	517	80%
서초구	420,804	11	종로구	23,910,000	100%	23,910,000	11	종로구	2,102	11	636	460	72%
동작구	407,894	12	마포구	23,870,000	100%	23,870,000	12	강동구	2,046	12	619	428	69%
영등포구	406,528	13	강북구	23,580,000	100%	23,580,000	13	중구	1,947	13	589	450	76%
중랑구	403,237	14	용산구	21,870,000	100%	21,870,000	14	강서구	1,927	14	583	422	72%
마포구	381,330	15	도봉구	20,850,000	100%	20,850,000	15	서대문구	1,782	15	539	436	81%
광진구	368,199	16	구로구	20,120,000	100%	20,120,000	16	동대문구	1,749	16	529	412	78%
동대문구	364,787	17	중랑구	18,530,000	100%	18,530,000	17	은평구	1,729	17	523	414	79%
도봉구	340,095	18	서대문구	17,600,000	100%	17,600,000	18	관악구	1,656	18	501	388	77%
강북구	319,992	19	양천구	17,410,000	100%	17,410,000	19	성북구	1,626	19	492	410	83%
서대문구	308,768	20	광진구	17,050,000	100%	17,050,000	20	중랑구	1,557	20	471	374	79%
성동구	295,006	21	성동구	16,840,000	100%	16,840,000	21	노원구	1,547	21	468	360	77%
금천구	250,690	22	동작구	16,350,000	100%	16,350,000	22	강북구	1,541	22	466	362	78%
용산구	227,282	23	동대문구	14,220,000	100%	14,220,000	23	구로구	1,517	23	459	362	79%
종로구	161,521	24	금천구	13,370,000	100%	13,370,000	24	금천구	1,458	24	441	319	72%
중구	128,478	25	중구	9,970,000	100%	9,970,000	25	도봉구	1,382	25	418	324	78%
인천광역시	2,890,451		인천광역시(강화군옹진군제외)	1,298,195,000	56%	720,886,000		인천광역시	979		296	218	74%
부평구	548,461	1	중구	248,665,000	100%	248,665,000	1	연수구	1,329	1	402	305	76%
남동구	527,324	2	서구	158,638,000	86%	136,507,000	2	부평구	1,061	2	321	248	77%
서구	499,540	3	연수구	119,546,000	100%	119,546,000	3	남동구	995	3	301	232	77%
남구	405,746	4	남동구	73,189,000	100%	73,189,000	4	서구	939	4	284	193	68%
계양구	327,311	5	계양구	45,566,000	100%	45,566,000	5	중구	929	5	281	178	63%
연수구	317,172	6	부평구	31,982,000	100%	31,982,000	6	계양구	902	6	273	204	75%
중구	112,910	7	남구	24,866,000	100%	24,866,000	7	동구	883	7	267	209	78%
동구	71,054	8	동구	11,477,000	100%	11,477,000	8	남구	790	8	239	172	72%
경기도	12,479,061		경기도	10,272,363,313	28%	2,860,955,024		경기도	1168		353	256	72%
수원시	1,194,313	1	용인시	591,523,000	65%	387,179,000	1	과천시	3,987	1	1,206	518	43%
고양시	990,073	2	남양주시	460,020,000	50%	231,566,000	2	성남시	2,000	2	605	473	78%
용인시	971,327	3	고양시	267,980,999	71%	190,414,392	3	하남시	1,752	3	530	371	70%
성남시	948,757	4	광주시	431,554,000	40%	172,256,000	4	광명시	1,745	4	528	385	73%
부천시	843,794	5	화성시	727,239,505	23%	164,592,257	5	구리시	1,478	5	447	353	79%
안산시	747,035	6	안산시	227,363,000	64%	144,773,000	6	의왕시	1,445	6	437	365	84%
남양주시	629,061	7	성남시	141,720,000	100%	141,720,000	7	안양시	1,421	7	430	343	80%
화성시	608,725	8	시흥시	132,572,093	100%	132,572,093	8	군포시	1,375	8	416	350	84%
안양시	585,177	9	수원시	121,122,597	100%	121,122,597	9	용인시	1,250	9	378	312	83%
평택시	457,873	10	양주시	300,952,860	31%	94,243,068	10	수원시	1,236	10	374	296	79%
시흥시	425,184	11	평택시	440,042,802	21%	92,642,802	11	고양시	1,226	11	371	297	80%
의정부시	421,579	12	하남시	87,820,000	100%	87,820,000	12	부천시	1,203	12	364	276	76%
파주시	415,259	13	가평군	843,330,000	10%	83,834,000	13	안양시	1,157	13	350	258	74%

인구순위			도시구역면적순위			매매가순위		단위(만원,㎡,%)		
	인구(명)		전체면적(㎡)			도시구역(㎡)		3.3㎡당	매매가	전세가	전세가율
김포시	352,683	14	의정부시	81,985,000	100%	81,985,000	14	화성시	1,141	14	345	272	79%
광명시	338,509	15	이천시	461,197,489	18%	81,136,000	15	김포시	1,055	15	319	236	74%
광주시	310,278	16	파주시	672,562,669	9%	61,689,669	16	남양주시	1,005	16	304	232	76%
군포시	285,721	17	안양시	57,774,000	100%	57,774,000	17	광주시	982	17	297	227	76%
오산시	213,840	18	의왕시	53,955,800	100%	53,955,800	18	의정부시	982	18	297	237	80%
이천시	209,003	19	부천시	52,178,992	100%	52,178,992	19	시흥시	962	19	291	219	75%
양주시	205,988	20	양평군	878,133,000	6%	49,074,000	20	오산시	879	20	266	210	79%
안성시	194,765	21	김포시	276,586,000	16%	44,150,700	21	양평군	856	21	259	163	63%
구리시	180,063	22	오산시	42,757,000	100%	42,757,000	22	평택시	853	22	258	180	70%
포천시	163,388	23	광명시	38,649,000	100%	38,649,000	23	파주시	850	23	257	212	82%
의왕시	154,879	24	군포시	36,380,000	100%	36,380,000	24	이천시	823	24	249	187	75%
하남시	154,838	25	과천시	35,813,000	100%	35,813,000	25	여주시	757	25	229	163	71%
여주시	109,937	26	포천시	826,475,233	4%	34,695,935	26	양주시	734	26	222	154	69%
양평군	101,930	27	동두천시	95,673,190	34%	32,963,210	27	안성시	704	27	213	155	73%
동두천시	97,424	28	구리시	31,641,000	100%	31,641,000	28	가평군	694	28	210	141	67%
과천시	64,817	29	안성시	554,243,084	5%	29,346,084	29	포천시	605	29	183	128	70%
가평군	58,909	30	연천군	695,222,000	4%	29,031,000	30	동두천시	595	30	180	130	72%
연천군	43,846	31	여주시	607,896,000	4%	22,999,425	31	연천군	463	31	140	85	61%

제2절 부동산공급정책의 활용

I 부동산공급정책의 활용

1. 공급정책은 시차가 생긴다.

가. 정부가 추진하는 부동산정책의 기본은 국민들의 편리하고 안정된 생활환경 조성에 있다.

나. 대중들의 욕구를 사전에 파악하여 선제적 대응을 한다는 것은 사실상 불가능에 가깝다.

다. 정부측은 일반적으로 국민들의 수요가 커지고 공급이 미흡하다는 신호가 나타날 때 비로소 공급정책을 수립한다. 최소한 6개월~1년의 시차를 두고 공급정책은 수요를 따라가는 것으로 보인다.

라. 부동산투자고수들은 수요공급의 시차로 인한 시세차이를 활용한다.

2. 수요정책보다 강력한 공급정책에 주목해야 한다.

가. 수요는 실수요, 가수요, 예비수요 등등 다양하다. 또한 대출규제나 세무조사 등의 비교적 손쉬운 정책수단들을 이용하여 즉각적으로 수요의 양을 조절 할 수도 있다.

나. 반면 공급은 수요를 확인한 후 각종 인허가 절차를 거치고 자금계획

을 세운후에 움직이게 된다.
다. 과거 수도권의 1기 신도시는 전례없는 대규모 주택공급정책이었다. 그 결과 불패신화를 이어가던 주택가격이 주변지역을 중심으로 상당폭 하락하는 현상이 발생했다.
라. 2014년에는 반대로 정부측에서 9.1부동산대책으로 주택의 과잉공급을 줄이겠다는 의도에서 신도시개발의 근거인 택지개발촉진법폐지 방침을 내놓아 수도권 일부지역의 주택가격이 급상승하는 현상도 발생했다.
마. 강수량도 넘치면 홍수가 되고 부족하면 가뭄이 된다. 홍수는 단기간에 멈추지만 가뭄은 장기간에 걸쳐 고통을 주는 경우가 많다. 마찬가지로 주택과 같은 부동산시장에서 공급의 가뭄이 오면 국민들의 고통이 매우 커진다. 대표적인 예가 전세가율이 고공행진을 하는 상황이 지속되면 서민들이 과잉대출을 받아서라도 내집마련에 나서게 되고 그 결과 대출이자비용 부담으로 인한 소비위축으로 삶의 질이 저하되고 불경기가 도래하게 되는 악순환을 반복하게 된다.

3. 한번 잘못된 공급정책은 후유증이 크다.

가. 수도권의 모 역세권에서는 주변에 대기업입주로 인한 1인가구 수요를 과대평가한 나머지 오피스텔용지를 대거 공급하는 바람에 과잉현상을 빚었다. 결과적으로 해당 지자체와 토지공급기관은 추가공급의 보류선언을 하게 되었다. 실제로 과잉공급에 따른 공실률 증가 및 임대수익률 하락현상이 해당지역 인근도시의 오피스텔시장까지 이어졌다.
나. 대한민국의 계획도시(위키백과)

행정중심복합도시			세종특별자치시
도청이전신도시			광교신도시, 경상북도청신도시. 내포신도시, 남악신도시
신도시	1기신도시		분당, 산본, 일산, 중동, 평촌
	2기신도시	수도권	광교, 동탄1, 동탄2, 양주, 운정, 위례, 판교, 한강
		지방	도안, 아산
보금자리주택조성사업			서울강남, 서울서초, 미사강변(하남미사), 성남여수, 수원호매실
기타계획도시			고덕, 고잔, 검단, 둔산, 미란시티, 배곧, 센텀시티, 송도, 송산, 양산, 정관, 중산, 지행, 청라, 하당, 해운대

다. 신도시 또는 대규모택지지구의 경우 공급정책의 꽃이라고 할 수 있는데 입주수요와 상권분석을 잘못하면 베드타운으로 전락하여 공동화현상이나 주택시세하락 등의 부작용이 매우 클 수 있다. 예를 들어 계획도시안의 교통시설을 소홀히 하거나, 상업지역면적의 비율을 너무 과도하게 편성할 경우 상업시설의 미건설 또는 공실발생으로 주민들의 생활편의성에 큰 문제를 발생시킬 수 있다.

라. 세계 2위 경제규모이면서 인구대국인 중국에서 2015년 12월에 놀라운 사건이 발생했다. 중국 톈진일보에 따르면 중국 톈진(天津)에 지어진 200m 높이의 65층짜리 초고층 호화아파트(3개동, 1만가구 입주)가 당국으로부터 철거지시를 받았다고 한다. 그 이유는 개발업자가 권력의 힘을 이용하여 불법으로 설계를 변경하고 부실공사를 했기 때문이다. 사회주의 국가의 사례이긴하지만 정부측의 건축관련 정책의지를 보여준 극단적인 사례다.

4. 공급적인 측면에서 입지분석하기

가. 만약 특정 지역이나 역세권에 위치한 주택물건에 투자한다면, 현재의 주거환경과 시세만으로 판단하지 말고 미래의 초과공급가능성에 관점을 두는 것이 좋겠다.

나. 모든 주거지는 상권과 마찬가지로 수명주기가 존재한다. 통상 '개발기, 성장기, 성숙기, 쇠퇴기, 재개발기'의 5단계로 분류할 수 있는데 지역에 따라서 각 단계별 기간이나 주기가 달라질 수 있다. 이처럼 수명주기의 입장에서 볼 때 투자시점이 성숙기라면 향후 추가상승여력이 줄어들 것이다.

다. 본인이 거주하거나 투자하려는 지역안에서만 공급계획을 고려해서는 안된다. 인근 도시지역에 대규모 택지개발 건설이나 KTX(SRT, GTX)와 같은 광역교통수단이 설치된다면 마치 블랙홀처럼 주변의 주거수요를 빨아들일 수 있기 때문이다.

라. 공급정책 가운데 가장 눈에 띄는 것이 행정도시나 공공기관의 지방이전과 같은 영역이다. 이렇게 정책의지가 반영된 대규모의 정부공급이 발생되면 뒤이어 해당공급에 대한 보완기능을 갖춘 민간공급이 발생한다.

마. 민간영역에서도 정부의 공급정책에 못지않은 공급효과를 낼 수 있다. 예를 들어 낙후된 지역에 자금규모가 많은 대기업의 공장설립 또는 이전이 시현된다면 역시 엄청난 규모의 주택과 상업시설의 공급이 발생한다.

※용어해설: 용도지역

『국토의 계획 및 이용에 관한 법률』에 의해 토지의 이용 및 건축물의 용도·건폐율·용적률·높이 등을 제한함으로써 토지를 경제적·효율적으로 이용하고 공공복리의 증진을 도모하기 위하여 서로 중복되지 아니하게 도시관리계획으로 결정하는 지역.
용도지역은 용도지역·지구제도(Zoning)의 기본요소로, 토지를 경제적·효율적으로 이용하고 공공복리의 증진을 도모하기 위한 건축물의 용도·건폐율·용적률·높이 등을 제한함에 있어 기준이 되는, 『국토의 계획 및 이용에 관한 법률』에 의한 지역구분의 하나이다.

『국토의 계획 및 이용에 관한 법률』에 의한 도시계획체계상의 도시관리계획으로 결정되는 토지이용 제한의 기준이 되는 지역 구분의 범주는 용도지역, 용도지구, 용도구역으로 나뉜다.

이중 용도지역은 가장 기본적인 토지이용의 구분이기 때문에 모든 토지에 대해 서로 중복되지 않도록 지정되어야 하며, 용도지구와 용도구역은 용도지역의 지정에 대한 보완적 성격을 가지므로 그 목적에 따라 특정 지역에 대하여 지정되게 된다.
이러한 용도지역의 대분류는 다음과 같으며 각각의 대분류는 다시 세분되어 지정될 수 있다.

1. 도시지역 : 인구와 산업이 밀집되어 있거나 밀집이 예상되어 당해 지역에 대하여 체계적인 개발·정비·관리·보전 등이 필요한 지역
2. 관리지역 : 도시지역의 인구와 산업을 수용하기 위해 도시지역에 준하여 체계적으로 관리하거나 농림업의 진흥, 자연환경 또는 산림의 보전을 위하여 농림지역 또는 자연환경보전지역에 준하여 관리가 필요한 지역
3. 농림지역 : 도시지역에 속하지 아니하는『농지법』에 의한 농업진흥지역 또는『산지관리법』에 의한 보전산지 등으로서 농림업의 진흥과 산림의 보전을 위하여 필요한 지역
4. 자연환경보전지역 : 자연환경·수자원·해안·생태계·상수원 및 문화재의 보전과 수산 자원의 보호·육성 등을 위하여 필요한 지역

도시관리계획으로 용도지역이 정해지면 국가 또는 지방자치단체는 정하여진 용도지역의 효율적인 이용 및 관리를 위하여 당해 용도지역에 관한 개발·정비 및 보전에 필요한 조치를 강구하여야 한다.

용도지역별 용도·건폐율·용적률 기준은 지정된 용도지역의 대분류 혹은 그 세분류에 따라『국토의 계획 및 이용에 관한 법

률』에서 정의되며, 이러한 기준 하에서 지방자치조례 등을 통해 보다 구체화 할 수 있게 되어있다.

■ 용도지역지구제
용도지역지구제는 토지의 경제적·효율적 이용과 공공의 복지증진을 도모하기 위하여 토지이용을 규제·유도하기위한 수단으로 정의할 수 있다. 용도지역지구제는 크게 토지의 이용 및 건축물의 규모를 제한하는 용도지역제와, 용도지역제의 제한을 강화 또는 완화 적용함으로써 용도지역제를 보완하는 성격을 갖는 용도지구제로 구분된다.

용도지역지구제(Zoning)의 가장 큰 단점으로 토지이용에 대한 경직성을 들 수 있는데, 이를 보완하기 위하여 지구단위계획과 같은 계획단위개발(PUD) 등이 이용되고 있다.
(출처: 네이버 지식백과, 서울특별시 알기 쉬운 도시계획 용어)

※용어해설: 용도구역
『국토의 계획 및 이용에 관한 법률』에 의해 토지의 이용 및 건축물의 용도·건폐율·용적률·높이 등에 대한 용도지역 및 용도지구의 제한을 강화 또는 완화하여 따로 정하여 도시관리계획으로 결정하는 지역.

용도구역은 『국토의 계획 및 이용에 관한 법률』에서 정의하는 토지를 경제적·효율적으로 이용하고 공공복리의 증진을 도모하기 위한 건축물의 용도·건폐율·용적률·높이 등을 제한함에 있어 기준이 되는 지역구분의 하나이며 용도지역 및 용도지구를 보완하는 의미를 지닌다.

이러한 용도구역은 특히 시가지의 무질서한 확산방지, 계획적이고 단계적인 토지이용의 도모, 토지이용의 종합적 조정·관리 등을 목적으로 도시관리계획으로 결정되며 다음과 같이 분류된다.

1. 개발제한구역 : 도시의 무질서한 확산을 방지하고 도시주변의 자연환경을 보전하여 도시민의 건전한 생활환경을 확보하기 위하여 도시의 개발을 제한할 필요가 있거나 국방부 장관의 요청이 있어 보안상 도시의 개발을 제한할 필요가 있는 지역에 국토해양부장관이 지정하는 용도구역
2. 도시자연공원구역 : 도시의 자연환경 및 경관을 보호하고 도시민에게 건전한 여가·휴식공간을 제공하기 위하여 도시지역 안의 식생이 양호한 산지(山地)의 개발을 제한할 필요가 있을 경우 시·도지사가 지정하는 용도구역
3. 시가화조정구역 : 도시지역과 그 주변지역의 무질서한 시가화를 방지하고 계획적·단계적인 개발을 도모하기 위하여 5

년 이상 20년 미만의 일정기간동안 시가화를 유보할 필요가 있다고 인정되는 경우 국토해양부장관이 지정하는 용도구역
4. 수산자원보호구역 : 수산자원의 보호·육성을 위하여 필요한 공유수면이나 그에 인접된 토지에 대해 농림수산식품부장관이 지정하는 용도구역

시가화조정구역으로 지정된 지역 안에서의 행위제한 등은 『국토의 계획 및 이용에 관한 법률』에서 규정하고 있으며 시가화조정구역을 제외한 나머지 용도구역 내에서의 행위제한 등은 수산자원보호구역의 경우 『국토의 계획 및 이용에 관한 법률』 및 『수산업법』, 개발제한구역의 경우에는 『개발제한구역의 지정 및 관리에 관한 특별법』, 도시자연공원구역의 경우에는 『도시공원 및 녹지 등에 관한 법률』에서 따로 규정하고 있다.

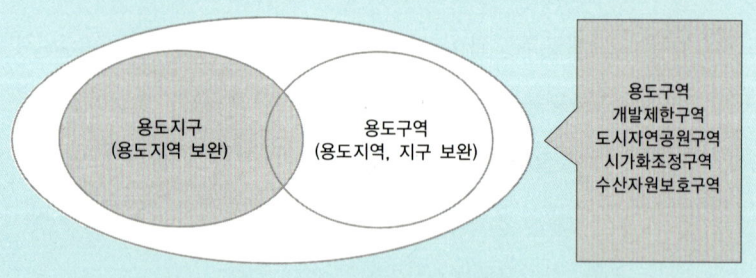

(출처: 네이버 지식백과, 서울특별시 알기 쉬운 도시계획 용어)

한국은행에서는 이렇게 돈관리를 합니다.

제1절 한국은행의 통화정책

I 한국은행의 통화정책(출처: 한국은행)

1. 한국은행의 통화정책

(1) 한국은행(중앙은행)의 여수신정책

가. 중앙은행의 여수신제도는 중앙은행이 개별 금융기관(한국은행법상 금융기관은 은행금융기관으로 한정됨)을 상대로 대출을 해 주거나 예금을 받는 정책수단이다.

나. 전통적으로 중앙은행의 통화정책 수단은 공개시장운영, 지급준비제도와 함께 대출제도를 의미하였다. 그러나 최근 들어 많은 중앙은행들이 개별 금융기관을 상대로 한 일시적 부족자금 대출과 함께 일시적 여유자금을 예수할 수 있는 대기성 여수신제도(standing facility)를 도입하면서 중앙은행의 대출제도는 여수신제도로 발전되었다.

다. 한국은행도 2008년 3월 대기성 여수신제도인 자금조정대출과 자금조정예금을 새롭게 도입함으로써 이전의 중앙은행 대출제도를 여수신제도로 확대·개편하였다.

라. 현재 한국은행이 상시적으로 운용하고 있는 대출제도에는 ① 금융기관의 자금수급 과정에서 발생한 부족자금을 지원하는 '자금조정대출', ② 금융기관의 중소기업 등에 대한 금융중개기능에 필요한 자금을 지원하는 '금융중개지원대출', ③ 금융기관의 일중 지급·결제에 필요한 일시적인 부족자금을 당일 결제마감시까지 지원하는 '일중당좌대출' 등이 있다. 이들 대출은 어음재할인 또는 증권담보대출의 형태로 실행될 수 있으며, 담보의 종류에는 금융기관이 대출로 취득한 신용증권, 국공채, 통화안정증권 등이 있다.

마. 이밖에도 한국은행은 「한국은행법」에 의거 자금조달 및 운용 불균형 등으로 유동성이 악화된 금융기관에 대한 긴급여신을 할 수 있으며, 금융기관으로부터의 자금조달에 중대한 애로가 발생하거나 발생할 가능성이 높은 경우 금융기관이 아닌 영리기업에 대하여도 특별대출을 실행할 수 있다.

바. 한국은행은 금융기관이 자금수급 과정에서 발생한 여유자금을 예치할 수 있는 "자금조정예금" 제도를 운용하고 있다.

사. 한국은행의 여수신제도 현황표

	구분	목적	담보	금리	만기
대출	자금조정대출	금융기관이자금 수급과정에서 발생하는 부족자금을 지원	1.금융기관이 대출로취득한 신용증권1) 2.국공채 3.통화안정증권	한국은행 기준금리 +100bp	1영업일2)

구분		목적	담보	금리	만기
금융중개지원대출		한도범위내에서 은행의 중소기업대출실적 등에따라자금지원	1.금융기관이 대출로취득한 신용증권* 2.국공채 3.통화안정증권	연 0.5 ~0.75%	1개월
일중당좌대출		당일영업시간중 금융기관의 일시적인결제부족 자금지원		무이자3)	당일자금 이체종료 시각
특별 대출4)	금융기 관에 대한 긴급 여신	자금조달및운용 불균형등으로 유동성이악화된 금융기관에 대한자금지원	세부조건은 금융통화위원회가지정		
	영리 기업에 대한 여신	금융기관으로부터의 자금조달에 중대한 애로가발생하거나 발생할가능성이 높은경우영리기업에 대한자금지원			
예금	자금조정예금	금융기관이자금 수급과정에서 발생하는 여유자금을예치		한국은행 기준금리 -100bp	1영업일

주) 1) 한국은행이 취득한 날로부터 1년 이내에 만기가 도래하는 것에 한함
    2) 1개월 범위내에서 연장가능
    3) 금융기관자기자본의25%를초과하는일중당좌대출에대해서는직전분기말일의3년
       물국고채유통수익률에서 무담보익일물콜금리를차감한금리
    4) 금융통화위원회 위원 4인 이상의 찬성으로 시행

(2) 자금조정대출 및 자금조정예금

가. 자금조정대출 과 자금조정예금 제도는 금융기관이 자금수급 과정에서 발생한 부족자금이나 여유자금을 한국은행으로부터 차입하거나 한국은행에 예치할 수 있는 대기성 여수신제도(standing facility)로서 2008년 3월 이후 도입·시행되었다.

나. 자금조정대출과 자금조정예금을 이용할 수 있는 금융기관은 한국은행의 지준예치대상 금융기관에 한하며 대출 및 예금의 만기는 1일이다.

다. 자금조정대출과 자금조정예금에 적용되는 금리는 각각 한국은행 기준금리에서 100bp를 가감하여 결정하도록 되어 있다. 이에 따라 동 대출 및 예금 금리는 금융기관간 단기자금 과부족을 해결하는 콜시장에서 콜금리가 기준금리로부터 과도하게 벗어나지 않도록 하는 역할도 수행한다.

라. 금융통화위원회는 금융시장이 기능을 원활히 수행하도록 하는 데 필요하다고 인정할 경우, 동 대출 및 예금 금리를 기준금리 수준까지 조정할 수 있으며 대출 만기를 1개월까지 연장할 수 있다.

(3) 금융중개지원대출

가. 금융중개지원대출은 금융통화위원회가 금융경제상황과 중소기업 및 지역 금융동향 등을 감안하여 정한 한도 범위 내에서 은행의 중소기업대출 실적 등에 따라 한국은행의 저리자금을 지원하는 제도이다.

나. 금융중개지원대출의 한도는 통화동향과 중소기업 및 지역 금융동향 등을 감안하여 금융통화위원회가 필요시 수시 조정하고 있으며 한

국은행 총재는 동 한도 내에서 배정하여 운용하고 있다.
다. 금융중개지원대출 금리는 은행의 중소기업대출 취급유인을 제고하기 위하여 일반적으로 기준금리보다 낮은 수준을 적용하고 있으며 대출만기는 1개월 단위로 운용되고 있다.

(4) 일중당좌대출

가. 일중당좌대출은 당일 영업시간중 발생하는 금융기관의 일시적인 지급결제 부족자금을 지원함으로써 금융기관간 자금거래 및 금융기관을 통해 이루어지는 기업간 자금거래의 원활화를 도모하기 위해 2000년 9월 도입하였다.

나. 일중당좌대출을 받을 수 있는 금융기관은 한국은행의 지준예치대상 금융기관으로서 한은금융망에 가입하고 있어야 한다.

다. 금융기관은 한은금융망의 일중당좌대출 상환을 위한 자금이체 종료시각까지 그 날 차입한 일중당좌대출을 상환하여야 하며, 그렇지 못한 때에는 미상환금액을 자금조정대출로 전환하게 된다.

라. 한국은행은 일중당좌대출에 대해 원칙적으로 이자를 징수하지 않고 있다. 다만 동 대출에 대한 금융기관의 과도한 의존으로 결제리스크가 커지는 것을 방지하기 위하여 자기자본의 일정 비율을 초과하는 부분에 대해서는 일정 수준의 이자를 받고 있다.

※ 금융기관 자기자본의 25%를 초과하는 일중당좌대출에 대해서는 직전분기 말월중 3년물 국고채 유통수익률에서 무담보 익일물 콜금리를 차감한 금리를 적용하고 있다.

(5) 특별대출

가. 한국은행은 「한국은행법」에 의거 비상시에는 금융기관은 물론 영리기업에 대해서도 특별대출을 할 수 있다. 특별대출에는 금융기관에 대한 긴급여신 (법 제65조)과 영리기업에 대한 여신 (법 제80조)이 있다.
나. 금융기관에 대한 긴급여신은 긴급한 사유 발생시 금융통화위원회 위원 4인 이상의 찬성으로 실행될 수 있다. 이 경우 임시로 적격성을 부여한 자산도 담보로 할 수 있다.
다. 한국은행법은 동 긴급 사유를 ① 자금조달 및 운용의 불균형 등으로 금융기관의 유동성이 악화된 경우, ② 전산정보처리조직의 장애, 기타 우발적 사고 등으로 인하여 금융기관 지급자금의 일시적 부족이 발생함으로써 업무수행에 현저한 지장이 초래될 것으로 인정되는 경우로 한정하고 있다.
라. 영리기업에 대한 여신은 금융기관의 신용 공여가 크게 위축되는 등 금융기관으로부터의 자금조달에 중대한 애로가 발생하거나 발생할 가능성이 높은 경우 금융통화위원회 위원 4인 이상의 찬성으로 금융기관이 아닌 자로서 금융업을 영위하는 자(비은행금융기관) 등 영리기업에 대하여 실시될 수 있다. 동 여신을 받는 영리기업은 금융통화위원회가 지정하는 조건을 준수하여야 한다

2. 한국은행의 지급준비제도

(1) 지급준비제도

가. 지급준비제도란 금융기관으로 하여금 지급준비금 적립대상 채무의

일정비율(지급준비율)에 해당하는 금액을 중앙은행에 지급준비금으로 예치하도록 의무화하는 제도이다.

나. 중앙은행은 지급준비율을 조정하여 금융기관의 자금사정을 변화시킴으로써 시중 유동성을 조절하고 금융안정을 도모할 수 있다. 예를 들어 지급준비율을 올리면 은행들은 더 많은 자금을 지급준비금으로 예치해야 하기 때문에 대출 취급이나 유가증권 매입 여력이 축소되고 결국 시중에 유통되는 돈의 양이 줄어들게 된다. 이에 따라 시중 유동성이 줄어들게 되고, 과도한 대출 증가로 인한 금융불안 가능성도 방지할 수 있게 된다.

다. 지급준비제도는 1980년대 이후 전세계적으로 통화정책이 통화량 중심에서 금리 중심으로 전환됨에 따라 그 활용도가 과거에 비해 저하된 것은 사실이지만 우리나라를 비롯한 주요국에서 여전히 중요한 통화정책 수단으로 간주되고 있다. 이는 금융기관으로 하여금 중앙은행에 일정규모의 지급준비금을 당좌예금으로 예치하게 함으로써 중앙은행 당좌예금계좌를 이용한 금융기관간 지급결제가 원활히 이루어지도록 함은 물론 단기시장금리를 안정시킴으로써 금리정책의 유효성을 제고하는 등 그 유용성이 크기 때문이다.

라. 현재 우리나라의 지급준비제도 적용대상 금융기관에는 일반은행 및 특수은행이 있다. 이들 금융기관은 예금종류에 따라 현재 0 ~ 7%로 차등화되어 있는 지급준비율에 해당하는 금액을 지급준비금으로 보유하여야 한다.

마. 한국은행법 개정에 따라 2011년 12월 17일부터는 기존 예금채무 이외에 일부 금융채에 대해서도 지급준비율을 부과할 수 있게 되었다.

금융기관은 동 지급준비금을 원칙적으로 한국은행 당좌예금으로 보유하여야 하나 필요지급준비금의 35%까지 금융기관 자신이 보유하고 있는 한국은행권을 지준예치금으로 인정해주고 있다.

※ 금융기관이 지급준비금을 보유함에 따라 지급결제에 소요될 자금을 차입하려는 수요를 줄여줌으로써 그렇지 않은 경우에 비해 금융기관간 단기자금 거래시장(콜시장)에서의 금리가 안정되게 된다.

※※ 지급준비율은 최고 50%를 초과하지 않는 범위내에서 금융통화위원회가 지급준비금 적립대상 채무의 종류별·규모별로 결정하도록 되어 있다. 다만 현저한 통화팽창기에는 지정일 현재의 지급준비금 적립대상 채무액을 초과하는 증가액에 대하여 최대 100%까지의 한계지급준비율을 정함으로써 이에 해당하는 금액을 추가로 보유하도록 할 수 있다.

※※※ 발행만기 2년 이하의 원화표시 채권중 ① 금통위가 현저한 통화팽창기에 또는 현저한 통화팽창기가 될 우려가 있는 경우에 지준 적립이 필요하다고 인정하는 기간 동안 발행되는 일반은행 발행 금융채 ② 금통위가 현저한 통화팽창기에 정부와 지준 적립여부 및 그 기간에 대해 협의를 거쳐 정하는 기간 동안 발행되는 특수은행(농·수협, 기업·산업은행) 발행 금융채에 대해 지급준비율을 부과할 후 있다(한국은행법 시행령 제12조의2).

바. 예금종류별 지급준비율표

예금종류	지급준비율
장기주택마련저축, 재형저축	0.00%
정기예금, 정기적금, 상호부금, 주택부금, CD*	2.00%
기타예금	7.00%

3. 한국은행 통화정책의 파급효과

(1) 한국은행 통화정책의 파급효과

가. 한국은행의 기준금리 변경은 다양한 경로를 통하여 경제 전반에 영향을 미친다.

나. 이러한 파급경로는 길고 복잡하며 경제상황에 따라 변할 수도 있기 때문에 기준금리 변경이 물가에 미치는 영향의 크기나 그 파급시차를 정확하게 측정할 수는 없지만 일반적으로 다음과 같은 경로를 통하여 통화정책의 효과가 파급된다고 할 수 있다.

(2) 금리경로

가. 기준금리 변경은 단기시장금리, 장기시장금리, 은행 예금 및 대출 금리 등 금융시장의 금리 전반에 영향을 미친다. 예를 들어 한국은행이 기준금리를 인상할 경우 콜금리 등 단기시장금리는 즉시 상승하고 은행 예금 및 대출 금리도 대체로 상승하며 장기시장금리도 상승압력을 받는다.

나. 이와 같은 각종 금리의 움직임은 소비, 투자 등 총수요에 영향을 미

친다. 예를 들어 금리 상승은 차입을 억제하고 저축을 늘리는 한편 예금이자 수입 증가와 대출이자 지급 증가를 통해 가계의 소비를 감소시킨다.

다. 기업의 경우에도 다른 조건이 동일할 경우 금리 상승은 금융비용 상승으로 이어져 투자를 축소시킨다.

(3) 자산가격경로

가. 기준금리 변경은 주식, 채권, 부동산 등 자산가격에도 영향을 미친다. 예를 들어 금리가 상승할 경우 주식, 채권, 부동산 등 자산을 통해 얻을 수 있는 미래 수익의 현재가치가 낮아지게 되어 자산가격이 하락하게 된다.

나. 자산가격 하락은 가계의 자산, 즉 부(wealth)의 감소로 이어져 가계 소비의 감소 요인이 된다.

(4) 신용경로

가. 기준금리 변경은 은행의 대출태도에 영향을 미치기도 한다. 예를 들어 금리가 상승할 경우 은행은 차주의 상환능력에 대한 우려 등으로 이전보다 대출에 더 신중해질 수 있다.

나. 대출태도가 신중해지면 은행대출을 통해 자금을 조달하는 기업의 투자는 물론 대출자금을 활용한 가계의 소비도 위축시킨다.

(5) 환율경로

가. 기준금리 변경은 환율에도 영향을 미치게 된다. 예를 들어 여타국

의 금리가 변하지 않은 상태에서 우리나라의 금리가 상승할 경우 국내 원화표시 자산의 수익률이 상대적으로 높아져 해외자본이 유입될 것이다. 이는 원화를 사려고 하는 사람들이 많아진다는 의미이므로 원화 가치의 상승으로 이어진다.

나. 원화 가치 상승은 원화표시 수입품 가격을 하락시켜 수입품에 대한 수요를 증가시키고 외화표시 수출품 가격을 상승시켜 우리나라 제품 및 서비스에 대한 해외수요를 감소시킨다.

⇒ 이러한 여러 경로를 통한 총수요, 즉 소비·투자·수출(해외수요)의 변동은 다시 물가에 영향을 미친다. 예를 들어 금리 상승으로 인한 소비, 투자, 수출 등 총수요의 감소는 물가 하락압력으로 작용한다. 특히 환율경로에서는 원화 가치 상승으로 인한 원화표시 수입물가의 하락이 국내 물가를 직접적으로 하락시키는 요인으로 작용한다.

(6) 기대경로

가. 기준금리 변경은 일반의 기대인플레이션 변화를 통해서도 물가에 영향을 미친다. 예를 들어 기준금리 인상은 한국은행이 물가상승률을 낮추기 위한 조치를 취한다는 의미로 해석되어 기대인플레이션을 하락시킨다.

나. 기대인플레이션은 기업의 제품가격 및 임금근로자의 임금 결정에 영향을 미치기 때문에 결국 실제 물가상승률을 변동시키게 된다.

(7) 통화정책 효과의 파급

가. 한국은행 기준금리, 즉 정책금리는 콜금리와 자산가격/신용/환율/기대심리에 영향을 미치며, 콜금리는 다시 장단기 시장금리/여수신금리에 영향을 준다. 결과적으로 이 흐름들은 총수요(소비/투자/수출입)에서, 다시 생산/물가 등에 순차적으로 영향을 미치는 파급경로를 이루게된다.

나. 오늘날과 같이 세계경제의 통합이 급속히 진전되고 경제구조와 경제주체의 행태가 빠르게 변화하는 상황에서는 통화정책의 파급경로가 어떻게 변화되고 있으며 또 현재 어떻게 작동하고 있는지를 정확하게 파악하기가 매우 어렵다.

다. 한국은행은 통화정책의 파급경로가 제대로 작동하는지의 여부를 수시로 파악하고 있으며 통화정책의 효과가 금융시장과 실물경제에 잘 전달될 수 있도록 끊임없이 노력하고 있다.

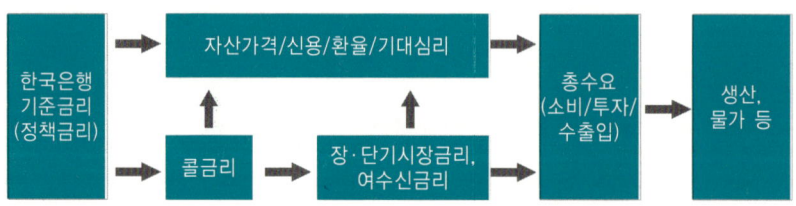

4. 한국은행 통화정책의 목표

(1) 한국은행 통화정책의 목표

가. 일반적으로 통화정책이란 한 나라에서 화폐(법정화폐 및 본원통화)

의 독점적 발행권을 지닌 중앙은행이 경제 내에 유통되는 화폐(통화, 본원통화 및 파생통화)의 양이나 가격(금리)에 영향을 미치고 이를 통해 화폐의 가치, 즉 물가를 안정시키고 지속가능한 경제성장을 이루어 나가려는 일련의 정책을 말한다.

※ 화폐는 재화와 서비스, 금융 및 실물자산의 가격을 나타내는 척도로서 교환의 매개가 되며 가치저장의 기능을 수행한다.

나. 「한국은행법」제1조 제1항은 "한국은행을 설립하고 효율적인 통화신용정책의 수립과 집행을 통하여 물가안정을 도모함으로써 국민경제의 건전한 발전에 이바지함"을 동 법의 목적으로 규정하고 있다. 따라서 한국은행의 통화정책이 추구하는 최우선 목표는 물가안정목표제를 통하여 물가를 안정시키는 일이라 하겠다.

다. 물가가 안정되지 못하면 미래에 대한 불확실성이 높아져 전반적인 경제활동이 위축되고 소득과 자원 배분이 왜곡될 수 있을 뿐 아니라 서민생활의 안정도 해치게 된다.

라. 국민경제가 안정적 성장을 이루기 위해서는 물가안정뿐 아니라 금융안정도 확보되어야 한다. 이와 관련하여 「한국은행법」 제1조 제2항은 "한국은행은 통화신용정책을 수행함에 있어 금융안정에 유의하여야 한다."고 규정하고 있다. 이에 따라 한국은행은 통화신용정책 수행을 통해 물가안정을 도모하는 가운데 금융안정을 위한 정책적 노력도 함께 경주하고 있다.

1학기 2장 제2절 한국은행의 통화정책 활용하기

I 한국은행의 통화정책 활용하기

1. 부동산투자수익률 제고의 핵심은 금리

가. 일반인들에게 한국은행에서 다루는 통화정책의 대부분은 직접적인 관련이 없다.

나. 통상 금리라고 부르는 것의 정점에는 한국은행의 기준금리가 있다. 기준금리란 중앙은행인 한국은행 안에 설치된 금융통화위원회에서 매달 회의를 통해 결정하는 금리다.

다. 기준금리가 낮아지는 기간에는 고정금리형 상품의 인기는 떨어진다. 반대로 저금리의 수혜를 입는 자산의 인기는 높아진다. 대표적인 것은 월세와 같은 소득이 발생하는 수익형부동산이다.

라. 금리와 물가는 상호반응하기 때문에 저금리기에는 저물가현상이 발생하므로 토지나 공실률이 높은 상가 등의 수익률은 높지 않다. 그러나 마치 은행이자처럼 월세가 나오는 수익형부동산의 수익률은 상대적으로 높아지게 되고 동시에 수익형부동산에 대한 수요증가로 시세도 함께 높아지는 것이 일반적이다. 반대로 고금리기에는 은행예금이 인기를 끌면서 동시에 물가도 함께 상승하기 때문에 물가의 영역에 위치한 주택이나 토지와 같은 비수익형부동산의 시세가 상승

할 수 있다.

2. 통화정책은 물가 및 GDP증가율과 함께 검토

가. 한국은행 기준금리 변동추이

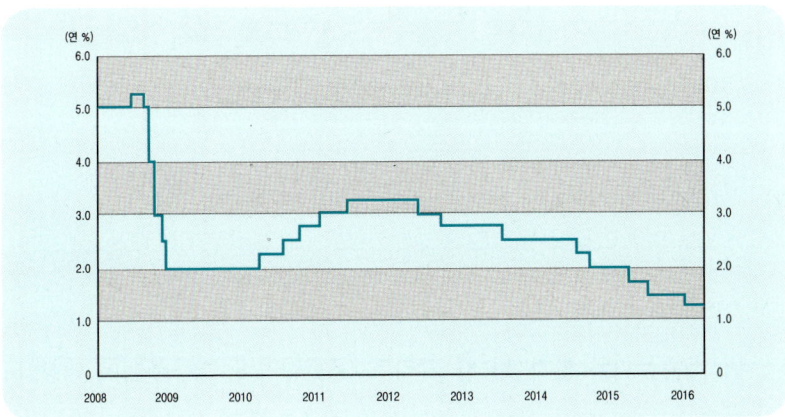

나. 한국은행 물가안정목표 및 대상물가지표 상승률 추이(출처: 한국은행)

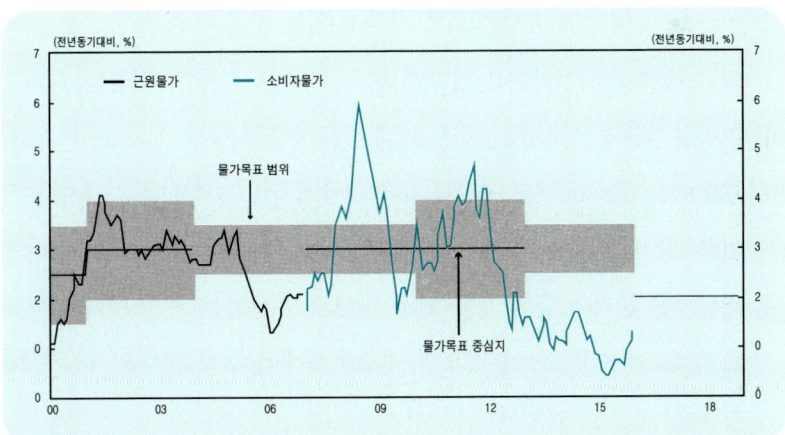

다. 한국 GDP증가율 추이(1990~2015년 / 통계청)

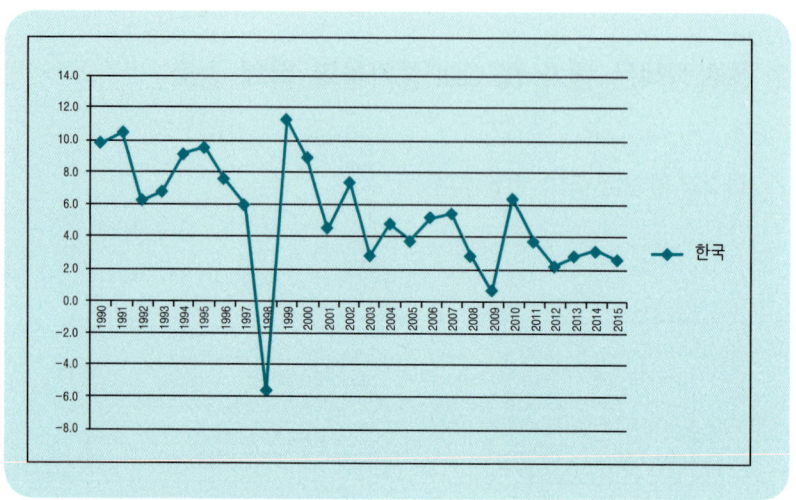

라. 위 기준금리와 물가상승률 그리고 GDP증가율 변동추이에 대한 도표를 비교해보자. 연도별로 특수한 경제환경을 감안하고 관찰한다면 시기별로 변동추이가 유사하게 움직이는 것을 알 수 있다.

마. 세 지표의 추세가 우하향으로 기울고 있는 것은 우리나라가 향후 특별한 경제환경의 이슈가 없다면 계속 저성장, 저물가, 저금리 시대로 이어질 것임을 암시하는 것으로 해석할 수 있다.

바. 앞으로는 과거 90년대 이전과 같은 고금리 및 고물가시대는 다시 오기 어려우므로 저성장시대에 맞는 가계재무체질을 미리 갖추어야 한다.

사. 저성장은 물가와 금리 모두 낮은 상태로 유지하는 가장 큰 원인이므로 향후 자산별 포트폴리오의 비중변화에는 수익형부동산이 큰 역할을 할 것으로 예상된다.

3. 부동산시장의 크기는 대출정책이 결정

가. 대출정책은 부동산시장 규모를 결정한다. 대출정책을 강화하면 그만큼 수요가 감소하여 대출시장이 줄어들고, 반대로 대출정책을 완화하면 수요증가로 대출시장이 커진다.

나. 내 집 마련 정책금융상품 3종인 디딤돌대출, 보금자리론, 적격대출을 적극 활용하면 금리우대조건으로 대출을 활용하여 필요한 시기에 맞추어 내 집을 마련할 수 있다. 정책대출을 받으려면 일정한 자격조건을 갖추어야 한다.

다. 부동산과 대출은 거의 불가분의 관계에 있다고 해도 과언이 아니다. 누구나 대출에 대한 정서가 좋지 않을 것이다. 정부에서는 가계부채가 너무 많다고 걱정을 하고 있지만 사실상 부동산이 담보된 대출은 신용대출에 비하여 매우 안정적이다. 오히려 유망한 수익형부동산의 경우에는 일부러라도 대출을 받아서 투자해야 한다. 실제로 자기자본만으로 수익형부동산에 투자한 경우보다 금융권 대출을 최대한 받아서 투자한 경우의 수익률이 더 높게 나오고 있다. 바로 레버리지효과 때문이다.

라. 실제로 2016년기준 가계부채는 약 1,300조원이다. 여기에서 주택담보대출은 절반이 넘는 수준이다. 걱정해야할 대출영역은 소비성인 생활비대출과 실패할 확률이 높은 자영업자의 사업자금대출과 같은 부분이다.

마. 정부가 내놓는 대출정책 중에서 LTV, DTI, DSR에 대하여는 반드시 면밀하게 검토하여 자금부족으로 인한 투자실패를 사전에 예방해야 한다.

※용어해설 : 한국은행 기준금리

한국은행이 금융기관과 환매조건부증권(RP) 매매, 자금조정 예금 및 대출 등의 거래를 할 때 기준이 되는 정책금리로서 간단히 '기준금리'(base rate)라고도 한다.

* 한국은행은 기준금리를 7일물 RP매각시 고정입찰금리로, 7일물 RP매입시 최저입찰금리(minimum bid rate)로 사용한다. 그리고 자금조정 예금 및 대출 금리를 기준금리에서 각각 -100bp 및 +100bp 가감하여 운용한다.

한국은행 금융통화위원회는 매월 물가 동향, 국내외 경제 상황, 금융시장 여건 등을 종합적으로 고려하여 기준금리를 결정하고 있다. 이렇게 결정된 기준금리는 초단기금리인 콜금리에 즉시 영향을 미치고, 장단기 시장금리, 예금 및 대출 금리 등의 변동으로 이어져 궁극적으로는 실물경제 활동에 영향을 미치게 된다.

※용어해설 : LTV(주택담보대출비율, Loan To Value ratio)

담보가치(주택가격) 대비 대출비율.

주택담보대출 비율이란 은행들이 주택을 담보로 대출을 해줄 때 적용하는 담보가치 대비 최대 대출가능 한도를 말한다. 즉, 집을 담보로 은행에서 돈을 빌릴 때 집의 자산가치를 얼마로 보는가의 비율을 말하며, 보통 기준시가가 아닌 시가의 일정 비율로 정한다.

예를 들어 주택담보대출비율이 60%라면 시가 2억원짜리 아파트의 경우 최대 1억2천만원까지만 대출해주는 식이다.

하지만 실제로 대출받을 수 있는 돈은 이보다 더 적은 것이 보통이다. 돈을 갚지 않아 담보로 잡은 주택을 경매처분하는 경우에 대비해, 방 1개당 소액임차보증금을 빼고 대출해 준다. 주택임대차보호법에 따라 세입자에게 우선권이 주어지기 때문이다.
(출처: 네이버 지식백과 / 시사상식사전, 박문각)

※용어해설 : DTI(총부채상환비율, Debt To Income)
담보대출을 받을 경우 채무자의 소득으로 얼마나 잘 상환할 수 있는지 판단하여 대출한도를 정하는 제도인데, 이때 DTI가 사용된다. DTI는 주택담보대출의 연간 원리금의 상환액과 기타 부채에 대해 연간 상환한 이자의 합을 연소득으로 나눈 비율인데, 이 수치가 낮을수록 빚을 갚을 수 있는 능력이 높다고 인정된다.

정부가 부동산 시장의 과열을 막기 위해 2005년 도입한 이후 투기지역에서만 40%로 적용되었던 것이 2009년 9월 7일부터 확대 적용되었다. 이에 따르면 은행권 담보대출 금액이 5,000만원을 넘는 경우 DTI는 강남 3구(강남구, 서초구, 송파구) 50%, 인천·경기 60%였다. 그러다 2014년 8월부터는 60%로 단일화되었다. (출처: 네이버 지식백과 / 시사상식사전, 박문각)

※용어해설: DSR(총부채원리금상환비율, Debt Service Ratio)

대출을 받으려는 사람의 소득 대비 전체 금융부채의 원리금 상환액 비율.

대출 상환 능력을 심사하기 위해 마련된 기준으로, 주택담보대출 이외에 금융권에서의 대출 정보를 합산하여 계산한다. 주택담보대출비율(DTI)은 소득 대비 주택담보대출 원리금만을 비교하는 반면 DSR은 대출의 원금과 이자를 모두 더한 원리금 상환액으로 대출 상환 능력을 심사하기 때문에 더 엄격하다. DSR는 DTI 규제가 없는 수도권 이외 지역에도 적용된다.

(출처: 네이버 지식백과 / 시사상식사전, 박문각)

5학년

2학기

1장.　　　주택청약제도에서 이것은 꼭 알아야해요.

주택청약제도에서 이것은 꼭 알아야해요.

제1절 청약제도란?

I 청약제도의 이해

1. 청약제도의 이해

(1) 청약제도란?

가. 청약관련 예금을 통하여 일정한 요건을 갖춘 자에게 동시분양되는 아파트에 청약할 수 있는 자격을 주는 제도다.

(2) 청약제도의 탄생

가. 주택청약제도는 1977년 8월 18일 「국민주택 우선공급에 관한 규칙(주택공급규칙)」을 신설하면서 출발하였다. 처음에는 국민주택기금을 지원받아 건설되는 공공주택에 적용되었으나, 이듬해 민영주택에도 청약제도를 적용하면서 현재 청약제도의 모태가 되었다.

(3) 청약제도의 변화

가. 청약제도가 생긴 초기에는 청약 요건이 단순했었다. 그러나 1980년

대 들어 당첨권 전매, 0순위 통장 불법거래 등이 성행하면서 제도의 허점이 드러나기 시작하여 1983년에는 0순위 통장제도가 폐지되고 투기과열지구에는 채권입찰제가 실시됐다. 재당첨 금지기간도 공공은 5년, 민영은 3년으로 강화했다.

나. 주택 200만호 건설이 본격적으로 추진된 1990년대에는 청약제도가 까다로워졌다. 무주택자에게 혜택이 집중되고 유주택자 또는 아파트에 당첨경험이 있는 사람들은 1순위에서 배제되었다.

다. 이후 1999년 외환위기로 인한 경기침체로 여러 가지 규제들이 폐지되었다. 예를 들어 20년 넘게 지켜오던 1세대 1계좌 원칙까지 폐기하는 등 청약규제가 대폭 완화되었다.

라. 2000년대 들어 주택시장이 회복되자 청약규제가 다시 까다로워졌다. 예를 들어 투기과열지구제도를 재도입, 투기과열지구 내 전매제한을 강화, 전용 85㎡ 이하 민간 아파트의 75%를 무주택 세대주에게 우선 공급, 전매제한도 조건에 따라 최장 5년으로, 재당첨 금지기간도 조건에 따라 최장 10년으로 늘어난 것 등이다.

마. 2007년 9월에는 실수요자 중심의 주택공급을 위해 청약가점제가 적용되기 시작했다. 이는 무주택기간(32점), 부양가족수(35점), 입주자저축 가입기간(17점)을 점수화하여 합산점수(총점 84점)가 높은 순으로 입주자를 선정하는 제도이다.

(1) 청약제도에서 분양주택

가. 분양주택은 크게 국민주택, 민영주택으로 구분되는데, 주택 청약자들은 분양받고자 하는 분양주택의 종류에 따라 일정한 입주자격을

갖추어 사겠다는 의사표시로 청약통장에 가입해야 한다.
나. 과거에 청약저축, 청약부금, 청약예금 3종류의 청약통장만 있다가 2009년 5월 6일에 만능통장이라고 불리우는 주택청약종합저축이 추가되었는데, 현재 가입할 수 있는 청약통장에는 주택청약종합저축 한 가지 종류만 있다.

2. 청약제도의 실무

(1) 주택의 종류

가. 주택의 종류는 국민주택과 민영주택으로 구분된다.
나. 공급방식은 분양과 임대(분양전환임대 포함)로 구분된다.
다. 국민주택은 국가, 지방자치단체, LH 및 지방공사가 건설하는 주거전용 85㎡ 이하의 주택과 국가나 지방자치단체의 재정 또는 주택도시기금을 지원받아 건설계량하는 주거전용 85㎡ 이하의 주택을 말한다.
  ※ 주택도시기금은 구 국민주택기금이다.
라. 민영주택은 국민주택을 제외한 주택을 말한다.
  ※ 국민주택 규모는 수도권 및 도시지역을 제외한 읍·면지역은 주거전용 100㎡ 이하다.

(2) 청약통장종류

가. 청약통장의 종류

청약저축	설명	가입가능 은행
주택청약종합저축	국민주택과 민영주택을 공급받기 위한 청약통장	농협, 신한, 우리, 하나, 기업, 국민, 대구, 부산
청약저축	국민주택을 공급받기 위한 청약통장	신규가입 중단 (15년 9월 1일부터)
청약예금	민영주택을 공급받기 위한 청약통장	
청약부금	주거전용면적 85㎡이하의 민영주택을 공급받기 위한 청약통장 *청약조정대상지역에서 민영주택 2순위 청약에 청약부금을 사용하는 경우에는 규모제한 없음.	

나. 주택청약종합저축 가입현황은 다음과 같다. 기존 청약저축, 청약부금, 청약예금가입자는 제외하였다. 모두 합칠 경우 1순위 기준으로 12,541,226명이다.(2016년 11월 30일 기준)

구분	지역	1순위	2순위	계
주택청약종합저축	서울	2,893,436	2,103,796	4,997,232
	인천·경기	3,222,344	2,605,990	5,828,334
	5대광역시	2,032,954	1,909,038	3,941,992
	기타지역	2,417,413	2,108,516	4,525,929
	계	10,566,147	8,727,340	19,293,487

(3) 청약자격발생

가. 청약자격의 발생

최초 입주자모집공고일 현재 해당주택건설지역 또는 인근지역에 거주하는 만19세 이상인 사람이 청약신청할 수 있다. 다만, 배우자 또는 직계존비속인 세대원이 있는 세대주는 만19세 미만도 청약가능하다.

나. 1순위 제한자: 청약조정대상지역(주택) 또는 투기과열지구 내 민영주택에 청약하는 경우에는, 세대주가 아닌자·과거 5년 이내에 다른 주택에 당첨된 세대에 속한 자 ·2주택이상 소유한 세대에 속한 자는 청약통장이 1순위에 해당하여도 2순위로 청약하여야 한다.

다. 주거전용 85㎡를 초과하는 공공건설 임대주택에 청약하는 경우에는 2주택이상 소유한 세대에 속한 자는 1순위 제한을 받는다.

청약순위	청약통장 (입주자저축)	순위별조건	
		청약통장 가입기간	납입금
1순위	주택청약 종합저축	·수도권 지역 -가입 후 1년이 경과한 분 ·수도권 외 지역 -가입 후 6개월이 경과한 분. 다만, 필요한 경우 시도지사가 12개월까지 연장 가능	납입금
	청약예금		납입인정금액이지역별 예치금액 이상인자
	청약부금 (85㎡이하만 청약가능)		매월 약정납입일에 납입한 납입인정금액이 지역별 예치금액 이상인 자 ※납입금연체 등 발생시 연체를 반영하여 순위 발생일이 순연됨
2순위 (1순위 제한자 포함)		1순위에 해당하지 않는자(청약통장 없이 청약가능) *청약조정대상주택은 청약통장 가입자만 청약 가능	

※ 순위별 청약자격 발생 기준일은 최초 입주자모집공고일
※ 청약저축 가입자의 민영주택 청약
 : 가입 후 1순위 자격을 취득하여 납입인정금액이 각 지역별 청약예금 예치금액이상인 경우, 해당 청약예금으로 전환(입주자모집공고 전일까지) 하여 청약할 수 있다.

(4) 청약통장변경

가. 청약지역변경

청약통장 가입 후 다른 지역으로 이사하는 경우 청약지역을 변경한다.

주민등록 이전: 최초 입주자모집공고 당일까지 주민등록 이전을 해야한다.

※ 다만, 전입제한이 있는 경우 전입제한일 이전까지 주민등록을 이전해야한다.

나. 예치금액 변경: 주택청약종합저축 및 청약예금 가입자가 민영주택에 청약신청하는 경우, 청약신청전까지 주민등록을 이전한 지역에 해당하는 예치금액으로 변경하여야 한다. 다만, 예치금액이 높은 지역에서 낮은 지역으로 거주지를 이전한 경우 예치금액 감액 없이 청약신청 가능하다.

지역별 예치금액(청약저축은 납입횟수) 차이로 인하여 순위발생일이 변경 될 수 있다.

주택청약종합저축 가입자는 'APT-주택규모 선택/변경' 메뉴에서 청약지역을 변경할 수 있다.

다. 청약가능면적변경

주택청약종합저축 또는 청약예금 가입자가 현재 청약 가능한 면적보다 크거나 작은 면적의 주택으로 청약하고자 할 경우 면적변경이 가능하다.

라. 청약통장 종류변경

① 청약저축 → 청약예금

납입인정금액이 지역별 청약예금 예치금액 이상인 계좌의 경우

해당 주택규모의 청약예금으로 변경 가능

② 청약부금 → 청약예금

청약부금에 가입한 후 납입인정금액이 지역별 85㎡ 이하 청약예금 예치금액 이상 납입한 경우 청약예금으로 변경 가능

마. 청약통장 명의변경

※ 주택청약종합저축, 청약예금·청약부금(2000. 3. 27 이후 가입): 가입자가 사망한 경우 그 상속인 명의로 변경

※ 청약예금·청약부금(2000. 3. 26 이전 가입) 및 청약저축:

가입자가 사망한 경우 그 상속인 명의로 변경

가입자가 혼인한 경우 그 배우자 명의로 변경

가입자의 배우자 또는 직계존비속으로 세대주가 변경된 경우 그 변경된 세대주 명의로 변경

(5) 청약신청

가. 인터넷청약신청

※ 이용대상

공인인증서(은행보험용 또는 범용)를 보유한 청약통장 가입고객

※ 이용시간

청약신청일 08:00~17:30

※ 이용방법

APT2you → APT → 인터넷청약 → 청약신청

나. 은행지점 청약신청

청약신청자	구비서류
본인 (배우자 포함) 신청시	☐ 주택공급신청서(은행 창구비치) ☐ 청약통장(청약예금, 부금, 저축, 주택청약종합저축 가입자 중 1순위자에 한함) ☐ 통장 도장(청약통장, 가입자중 1순위자에 한함) 또는 본인·배우자 서명 ☐ 본인확인증표(주민등록증 등, 제외동포는 국내거소신고증, 외국인은 외국인등록증 ☐ 배우자 대리 신청 시 배우자관계 확인서류(주민등록등본 또는 가족관계증명원) ☐ 청약신청금(2순위 신청자에 한함)
제3자 대리신청시	☐ 본인 또는 배우자 신청 시 구비서류 외 다음 서류 추가제출 ☐ 청약자의 인감증명서 1통(용도 : 주택공급신청용, 재외동포 또는 외국인의 경우 본국 관공서의 증명서(서명인증서)나 이에 관한 공정증서) ☐ 청약자의 인감도장이 날인된 위임장 1통(은행창구 비치) ☐ 청약자의 인감도장(재외동포 또는 외국인의 경우 인증된 서명으로 위임 시 제외) ☐ 대리 신청자의 신분증(청약자 본인 신분증 제출 생략) ☐ 청약신청금 (2순위 신청자에 한함)

(6) 당첨자선정

가. 민영주택에 대한 당첨자 선정

청약순위(1, 2순위)에 따라 입주자를 선정(1순위 미달 시에만 2순위 입주자 선정)

1순위 중 같은 순위 안에 경쟁이 있는 때에는 아래와 같이 가점 및 추첨제로 입주자를 선정한다.

(2순위는 추첨 방식으로 입주자를 선정)

구분	주거전용면적	
	85㎡이하	85㎡초과
본인 (배우자 포함) 신청시	가점제 40%, 추첨제 60% ⇒ 시장 등이 40% 이하에서 조정가능	추첨제 100%
가점제/추첨제 선정비율	예외 : 수도권에 지정된 공공주택지구(그린벨트해제지역이 50%이상) 주택중 85㎡이하는 100% 가점제, 85㎡초과는 50%를 가점제 적용	
가점항목(총 84점)	무주택기간 : 1년미만 ~ 15년이상, 32점 만점	
	부양가족수 : 0~6명, 35점 만점	
	청약통장가입기간 : 6개월미만 ~ 15년이상, 17점	

나. 국민주택에 대한 당첨자 선정

청약순위(1,2순위)에 따라 입주자를 선정(1순위 미달 시 2순위 입주자 선정)

1순위 중 같은 순위 안에 경쟁이 있는 때에는 아래의 순차별로 입주자를 선정(아래 표의 순차1에서 미달 시 순차2에서 입주자 선정)

구분	주거전용면적	
순차	40㎡이하	40㎡초과
1	3년이상의 기간 무주택세대구성원으로서의 저축총액이 많은 자	3년이상의 기간 무주택세대구성원으로서의 납입횟수가 많은 자
2	저축총액이 많은 자	납입횟수가 많은 자
	2순위 청약신청에 대하여는 추첨으로 입주자를 선정함	

(7) 특별공급제도

가. 특별공급이란?

특별공급은 정책적 배려가 필요한 사회계층 중 무주택자[1]의 주택마련을 지원하기 위하여 일반공급과 청약경쟁 없이 주택을 분양받을 수 있도록 하는 제도다. 특별공급은 대상자간에 고른 주택공급을 위해서 횟수를 1세대당 평생 1회로 제한[2]한다.

나. 특별공급 주요 대상

국가유공자, 보훈대상자, 참전유공자, 3자녀 이상세대, 신혼부부, 노부모부양가구, 북한이탈주민, 철거주택 소유자 및 세입자 등

행정중심복합도시(세종시), 도청이전신도시, 혁신도시 등 비수도권으로 이전하는 공공기관·학교·의료연구기관·기업의 종사자, 이전(移轉)하는 주한미군기지의 고용원, 산업단지 종사자 등

다. 청약통장 보유

특별공급 청약신청자는 일반공급과 마찬가지로 청약할 주택에 해당하는 청약통장을 보유하고 있어야 한다. 다만, 장애인, 철거민, 국가유공자, 이전기관종사자, 외국인 등은 청약통장 없이도 특별공급을 위한 청약신청을 할 수 있다.

라. 특별공급대상그룹

기관추천, 신혼부부, 다자녀가구, 노부모부양, 생애최초주택구입, 이전기관종사자 등, 외국인

---

[1] 수도권에서 지방으로 이전하는 기업·공장 종사자 등에 대한 특별공급은 유주택자에게도 공급
[2] 다만 철거되는 주택의 소유자 및 세입자, 이전기관 종사자 등은 별도 기준(주택공급에 관한 규칙 제55조)에 따름

3. 주택청약종합통장의 이해

(1) 주택청약종합통장

가. 상품특징

매월 약정납입일(신규가입일 해당일)에 월저축금을 납입하는 적금식 상품으로 순위가 발생하고 소정의 청약자격을 갖추면 국민주택 및 민영주택에 모두 청약할 수 있는 입주자저축이다.

나. 가입대상

국민인 개인(국내에 거소가 있는 재외동포 포함) 또는 외국인 거주자로서 연령에 관계없이 누구든지 가입가능하다. 전 금융기관을 통하여 주택청약종합저축, 청약저축, 청약예금, 청약부금 중 1인 1계좌만 보유 가능하다.

다. 적립방법 및 저축금액

적립방법은 자유적립식이다. 납입인정금액과 인정회차를 산정하는 경우 매월 약정납입일(신규가입일 해당일)에 연체없이 납입하여야 유리하다.

저축가능금액은 각 회차당 2만원 이상 50만원 이하 범위 내에서 5천원 단위로 자유납입할 수 있다. 단, 입금하려는 금액과 납입누계액의 합이 1,500만원 이하인 경우 50만원을 초과하여 입금 가능하고, 정상 납입회차에 추가하여 최고 24회까지 선납도 가능하다.

라. 납입기간

가입일로부터 입주자로 선정된 날까지다. 단, 분양전환되지 않는 임대주택에 당첨된 경우 제외된다.

마. 회차별 입금액 납입인정 기준

※ 국민주택에 청약하는 경우
- 각 회차별로 연체하지 않고 약정납입일(신규가입일 해당일)에 정상 입금할 경우 해당 입금액은 즉시 인정되지만, 연체하여 입금하는 경우에는 연체·선납일수를 고려하여 산출된 일수만큼 지연 인정된다. 단, 매회 납입금액 중 최대 10만원까지만 인정된다.
- 회차별 저축금을 지연하여 입금하면 순위 발생도 그만큼 늦어져 원하는 주택에 청약을 못하거나 우선순위에서 밀릴 수 있다.
- 선납으로 입금한 경우 해당월의 약정납입일이 도래해야 해당금액이 인정된다.

※ 민영주택에 청약하는 경우
- 연체·선납일수를 고려하지 않고, 납입된 잔액이 예치금으로 인정된다.

바. 만 19세 이전 납입분에 대한 납입인정 제한

※ 국민주택에 청약하는 경우
만 19세 이전에 납입인정된 회차 중 입금순서에 관계없이 납입금액이 많은 회차 순으로 최대 24회까지만 누계하여 납입인정금액을 산정한다. 납입인정회차가 24회 미만이면 그 해당횟수를 인정한다.

※ 민영주택에 청약하는 경우
가점제로 청약하는 경우 만 19세 이전의 청약통장 가입기간은 최대 2년까지만 인정한다.

사. 소득공제

※ 대상 : 해당 과세기간의 총급여액이 7천만원 이하인 근로소득이 있

는 거주자로서 과세연도 중 주택을 소유하지 않은 세대1)의 세대주로 가입은행에 무주택확인서를 제출한 자

1) 본인, 배우자, 같은 주소·거소에서 생계를 같이하는 본인·배우자의 직계존비속, 형제자매를 포함한 세대. 다만, 본인과 그 배우자는 생계를 달리하더라도 동일한 세대로 보며 본인과 배우자가 각각 세대주인 경우에는 어느 한명만 세대주로 본다.

※ 무주택확인서 등록시 필요서류 : 무주택확인서(소득공제를 적용받으려는 과세기간의 다음 연도 2월말까지 제출), 주민등록등본(세대주 확인) 한도: 선납/지연납입분 구분없이 과세연도 납입금액(연 240만원 한도)의 40% (최대 96만원)

※ 2014.12.31까지 가입한 자로서 총급여 7천만원을 초과하는 자는 2017.12.31 납입분까지 연 120만원 한도의 40%(최대 48만원) 소득공제

※ 계좌 해지하는 경우의 추징제도
소득공제를 받은 자가 국민주택규모를 초과하는 주택에 당첨되어 계좌를 해지하는 경우 또는 가입일로부터 5년 이내 계좌를 해지(국민주택규모 이하 당첨해지, 사망, 해외이주 등은 제외)하는 경우

※ 추징세율
소득공제 적용 과세기간(과세연도) 이후에 납입한 금액(연 240만원 한도) 누계액의 6%(지방소득세 별도)

※ 유의사항
한번 제출로 계속해서 소득공제가 가능하나, 자격 상실하는 경우에는 가까운 영업점을 방문하여 무주택확인 해지신청하여야 함

아. 청약자격(순위) 발생조건

지역별 민영주택 청약 예치기준금액			
희망주택	거주지역별 예치금액		
(전용면적)	서울, 부산	기타 광역시	특별시 및 광역시를 제외한 시·군
85㎡ 이하	300	250	200
102㎡ 이하	600	400	300
135㎡ 이하	1,000	700	400
모든면적	1,500	1,000	500

주택면적 변경
- 주택면적 변경은 기간 및 횟수에 관계없이 변경 가능
- 면적 변경을 원하는 경우 청약 신청일까지 변경가능(청약신청 당일 변경 후 청약가능)
※ 단, 입주자모집공고일 당일 인정금액을 기준으로 청약 가능

※ 단, 입주자모집공고일 당일 인정금액 범위 내에서 거주지역별 희망주택면적을 등록

자. 명의변경

가입자가 사망한 경우에 한해서 그 상속인에게 명의변경 가능하다.

차. 계좌부활

주택공급에 관한 규칙에 따른 계좌부활사유에 부합할 경우 이미 해지한 계좌도 부활하여 사용 가능하다.

카. 해지에 관한 사항
- 영업점을 통해 해지 가능하다.(인터넷뱅킹 및 폰뱅킹 등 비대면 채널을 통해 해지 불가)

※ 주택청약종합저축은 최근 급증하는 보이스피싱으로 인한 고객피해 예방을 위해 인터넷뱅킹 및 폰뱅킹을 통한 해지가 불가
- 해지할 때, 적용이자율은「이자율 및 이자지급방법」의 이자율을 적용

타. 예금자보호

주택청약종합저축은 예금자보호법에 따라 예금보험공사가 보호하지 않으나, 주택도시기금의 조성 재원으로 정부가 관리한다.

2학기 1장 제2절 청약제도 활용법

I 청약제도 활용법

1. 일단 무조건 가입하고 본다.

가. 소액으로 가입할 수 있으므로 온 가족명의로 가입한다.
나. 자녀에게는 최고의 금융상품 증여수단이다.

2. 연체없이 꾸준히 불입한다.

가. 주거전용면적이 40㎡ 이하인 국민주택에 청약시 납입횟수도 매우 중요한 요소다.
나. 소액이라도 장기간 불입한다면 분양아파트의 계약금 등 종잣돈으로 활용이 가능하다.

3. 희망하는 주택을 선정한다.

가. 가족 구성원의 특성과 자금력을 고려하여 희망하는 주택지역과 유형을 미리 선정해 놓는다.
나. 내 집 마련의 꿈을 이루기 위해서는 구체적인 플랜을 늘 잊지 않고 준비해야 한다. 따라서 가족들이 원하는 아파트를 확정해 놓는 것이 필요하다.

4. 매번 청약을 시도한다.

가. 유망지역의 인기있는 유형의 아파트는 수십에서 수백대 1의 과도한 경쟁이 발생한다.
나. 꾸준하게 청약을 시도하다보면 언젠가 청약에 당첨될 확률이 높아진다.
다. 혹시 초기자금이 부족한 상태에서 희망하는 아파트에 당첨이 되었다면 부모형제들에게 돈을 빌려서라도 계약하고 실입주까지 하는 것이 좋다. 결과적으로 알뜰살림의 원인이 되고 전월세로 이사다니는 비용과 에너지소비를 따져보면 이익이 훨씬 크다.

5. 급전이 필요할 경우 예금담보대출을 활용한다.

가. 아무리 급전이 필요하더라도 아까운 청약통장을 해지하면 안된다. 청약통장은 돈이 많다고 권리를 주는 것이 아니라 시간에 권리를 주는 제도다.

나. 청약통장의 불입액에 대한 예금담보대출을 활용하면 청약통장의 권리는 유지하면서 유동성을 해결할 수 있다.

※용어해설 : 국민주택

주택청약과 관련하여 주택의 종류는 국민주택과 민영주택으로 나뉜다.

국가, 지자체, LH 및 지방공사가 건설하는 주거전용면적 85m2 이하*의 주택

국가나 지자체의 재정 또는 주택도시기금을 지원받아 건설·개량하는 주거전용면적 85m2 이하*의 주택

* 수도권, 도시지역이 아닌 읍면은 100m2 이하

 (출처: APT2you)

※용어해설 : 민간건설 중형국민주택

국민주택의 일종으로 국가, 지자체, LH 및 지방공사에서 건설하는 60m2초과 85m2이하의 주택을 말한다.

2015년 9월1일부터 민간건설중형국민주택 제도가 없어지고 국민주택에 포함되었으나, 그 전에 사업승인을 받은 주택이 현재에도 공급되고 있다.

민간건설 중형국민주택은 국민주택의 일종이지만 청약가능통장

및 당첨자(입주자) 선정방식 등에 별도의 기준을 적용한다.
(출처: APT2you)

※용어해설: 민영주택

주택청약과 관련하여 주택의 종류는 국민주택과 민영주택으로 나뉜다.
국민주택을 제외한 주택을 민영주택이라 한다.
(출처: APT2you)

※용어해설: 공공건설임대주택

공공주택 특별법에 따른 공공주택사업자가 직접 건설하여 공급하는 공공임대주택공공주택은, 공공임대주택과 공공분양주택으로 구분되고, 공공임대주택은 공공건설임대주택과 공공매입임대주택으로 구분된다. (공공주택 특별법 제2조) 85m2초과 공공건설임대주택에 청약 시, 2주택이상을 소유한 자는 1순위청약을 제한 받는다.(2순위로 청약)
(출처: APT2you)

※용어해설: 도시형 생활주택

300세대 미만의 국민주택규모에 해당하는 주택으로서 대통령령*으로 정하는 주택 *단지형 연립주택, 단지형다세대주택, 원

룸형주택(세부사항 주택법 시행령 제10조 참조)
도시형 생활주택·오피스텔·뉴스테이주택은 아파트 청약신청과 달리 별도의 청약통장 없이 청약신청할 수 있으며 재당첨 제한 등의 당첨자(입주자) 관리제도가 없다.
(출처: APT2you)

※용어해설: 오피스텔
업무를 주로 하며, 분양하거나 임대하는 구획 중 일부 구획에서 숙식을 할 수 있도록 한 건축물로서 국토교통부장관이 고시하는 기준에 적합한 것이다.
도시형 생활주택·오피스텔·뉴스테이주택은 아파트 청약신청과 달리 별도의 청약통장 없이 청약신청할 수 있으며 재당첨 제한 등의 당첨자(입주자) 관리제도가 없다.
(출처: APT2you)

※용어해설: 뉴스테이 주택(기업형임대주택)
기업형임대사업자가 8년 이상 임대할 목적으로 취득하여 임대하는 민간임대주택*
*민간임대주택 : 임대 목적으로 제공하는 주택으로서 임대사업자가 '민간임대주택에 관한 특별법 (제5조)'에 따라 등록한 주택. 민간건설임대주택과 민간매입임대주택으로 구분한다. (동법 제2

조 제1호)

도시형 생활주택·오피스텔·뉴스테이주택은 아파트 청약신청과 달리 별도의 청약통장 없이 청약신청할 수 있으며 재당첨 제한 등의 당첨자(입주자) 관리제도가 없다.

(출처: APT2you)

※용어해설: 무주택세대구성원이란?

동일한 주민등록등본 상의

① 세대주 및 세대원* 전원이 무주택이고,

② (세대주 및 세대원 중) 청약신청자의 배우자 및 직계존비속** 전원이 무주택일 때,

① + ② 에 포함된 사람을 무주택세대구성원이라 한다.

(주택공급에 관한 규칙 제2조 제4호 참조)

→ ①에 해당하는 분들 중 ②를 충족하시는 분만이 국민주택에 청약신청할 수 있다.

 (세대주가 청약신청 할 경우에는 ①과② 에 해당하는 사람들이 서로 동일함)

동일한 주민등록등본 상의 세대주 및 세대원* 전원이 무주택인 경우, 세대주 및 세대원 중 본인의 배우자** 및 직계존비속이 모두 무주택인자가 국민주택에 청약신청 할 수 있다.

* 세대주의 배우자, 직계존속, 직계비속

** 청약신청자의 배우자가 주민등록 분리세대인 경우 배우자 세대가 신청자와 동일 주민등록에 등재된 것으로 본다.
(출처: APT2you)

※용어해설: 과밀억제권역

수도권의 인구와 산업을 적정하게 배치하기 위하여 구분한 지역으로서, 인구와 산업이 지나치게 집중되었거나 집중될 우려가 있어 이전하거나 정비할 필요가 있는 지역이다. 과밀억제권역에 해당하는 지역의 목록은 수도권정비계획법 시행령 별표 1에서 확인할 수 있다.
과밀억제권역 지역은 주택청약 시 재당첨제한 및 부적격자 착오기재 소명자 제한 등의 기간을 별도로 정하고 있다.
(출처: APT2you)

※용어해설: 청약 조정대상지역

재당첨제한 또는 1순위 당첨 등이 제한되는 지역 및 주택이다.

- 아래의 청약자는 청약조정대상주택에 1순위 청약할 수 없다.
  세대주가 아닌 자
  (국민주택은 무주택세대구성원이면 세대주가 아닌 자도 1순위 청약 가능)

5년 이내에 다른 주택에 당첨된 자의 세대에 속한 자
　　2주택 이상을 소유한 자의 세대에 속한 자

▫ 청약조정대상지역의 주택은 재당첨제한이 적용된다.
(민영주택 및 분양가상한제 미적용 주택 포함) 관련 세부사항은 '고객센터-FAQ-재당첨제한'을 참고하면 된다.

▫ 해당지역 및 주택 ('16년11월 현재. 주택공급에 관한 규칙 별표 3) 서울시: 전체 지역의 전체 주택
경기도: 과천시·성남시의 전체 주택, 하남시·고양시·화성시 동탄2지구·남양주시의 공공택지 내 주택
부산시: 해운대구·연제구·동래구·남구·수영구의 민간택지 내 주택
세종시: 행정도시 예정지역 내 공공택지 내 주택

* 청약하려는 주택이 청약조정대상주택인지 여부는 해당주택의 입주자모집공고문에서 확인할 수 있다.
(출처: APT2you)

※용어해설: 투기과열지구
주택가격의 안정을 위하여 필요한 경우에 국토교통부장관 또는

시·도지사가 지정하는 지구. 2011년 12월 22일 서울시 강남3구(강남, 서초, 송파)를 투기과열지구에서 해제한 이후 현재 투기과열지구로 지정된 지역은 없다.
투기과열지구로 지정된 지역은 분양권 전매제한, 당첨자는 1순위 청약제한(5년간) 등의 제한을 받는다.
(출처: APT2you)

※용어해설: 대규모 택지개발지구
「택지개발촉진법」에 따른 택지개발사업이 시행되는 지역(수도권 지역에 한정) 및 「경제자유구역의 지정 및 운영에 관한 법률」에 따른 경제자유구역 개발사업이 시행되는 구역으로서 면적이 66만m2 이상인 지역이다.

☞ 대규모 택지개발지구에서의 입주자(당첨자) 선정방식
해당 시·도 거주자에게 일반공급 물량의 50%(경기도는 해당건설지역에 30%, 그 외 경기도에 20%)를 우선 공급한 뒤, 나머지 50%를 기타지역 거주자에게 공급한다.
(출처: APT2you)

※용어해설: 소형 저가주택 소유지를 무주택자로 보는 경우
입주자모집공고일 현재 주거전용면적 60㎡ 이하의 주택으로서

수도권은 주택가격이 1억3천만원 이하인 주택, 수도권외 지역은 주택가격이 8천만원 이하인 주택(이하 "소형·저가 주택"이라 한다) 1호 또는 1세대만을 소유한 자로서 28조에 따라 주택의 공급을 신청하는 자(배우자를 포함한다)는 그 기간 동안 주택을 소유하지 아니한 것으로 본다.

이 경우 소형·저가주택의 주택가격은 입주자모집공고일 이전에 「부동산 가격공시 및 감정평가에 관한 법률」제16조 또는 제17조에 따라 공시된 가격(이하 "주택공시가격"이라 한다) 중 입주자모집공고일에 가장 가까운 날에 공시된 주택공시가격에 따르되 입주자모집공고일 이전에 주택이 처분된 경우에는 처분일 이전에 공시된 주택공시가격 중 처분일에 가장 가까운 날에 공시된 주택공시가격을 주택가격으로 본다.

(출처: APT2you)

6학년

부동산여행을 떠나요.

6학년

1학기

1장.　우리동네로 부동산수학여행을 떠나요.
2장.　신축빌라를 구경하러 갔어요.

우리동네로 부동산수학여행을 떠나요.

1학기 1장 제1절 우리동네의 개념

I 우리동네의 개념

1. 우리동네의 물리적 개념

가. 동네라는 개념은 특별하게 규정되지는 않았지만 사전적인 개념으로는 '자기가 사는 집의 근처'라고 한다.

나. 동네를 한 바퀴 돈다는 표현을 하듯이 도시지역에서의 우리동네 범위에 대하여 필자는 우리집을 중심으로 반경 1km이내라고 정의한다. 즉 사방으로 도보 15분(신호등 대기 시간 제외) 정도의 거리를 동네의 한계선으로 보면 된다.

다. 지형적이거나 행정적으로 특별한 사정이 있는 경우에는 동네의 범위가 단절되거나 늘어나기도 한다.

라. 동네와 유사한 말은 마을, 부락, 동, 골, 촌 등이 있다.

마. 대개 유명시설물이나 프랜차이즈 가맹점 등은 한 동네에 한 곳만 존재한다.

2. 우리동네의 인문적 개념

가. 커뮤니티가 공존하는 곳은 동네의 개념에 포함된다.
나. 동아리와 같은 단체의 경우는 동(洞)단위가 아니라 시·군·구단위로 확장되기도 한다.
다. 일반적으로 법정동별 구분이 아니라 행정동별 구분에 따라 동네의 개념이 생긴다.
라. 전월세로 거주하는 사람들보다 자가주택에 거주하는 사람들이 상대적으로 동네에 대한 개념이나 애착이 강하다.
마. 이른 바 유명한 동네는 문화코드와 함께 한다. 문화의 유형은 전통, 패션, 예술, 음식 등이 주도한다.

1학기 1장 제2절 우리동네 바로알기(체크리스트 활용)

I 우리동네 바로알기

1. 체크리스트 이해(우리동네 바로알기)

가. 체크리스트 양식

구분	개수	명칭(구체적으로 기입)	비고
교통수단 (역,정류장,터미널 등)			
가장 높은 곳 (산 언덕 등)			
조망시설 (산 강 호수 등)			
학교시설 (초 중 고 대 기타)			
보육시설 (유치원 어린이집 등)			
관공서 (시청 구청 주민센터 등)			
금융기관 (은행 증권 보험)			
종교시설 (교회 절 등)			
병의원 (병원 의원 한의원 등)			
문화시설 (도서관 박물관체육관 기념거리 등)			
복지시설 (복지관 등)			
유통시설 (대형마트 재래시장등)			
유흥시설 (나이트클럽 등)			
숙박시설 (호텔 콘도 모텔 등)			
치안시설 (경찰서 파출소 등)			
방호시설 (소방서 군부대 등)			
기피시설 (납골당 쓰레기 소각장 등)			
유원지 (관광지 놀이시설 명승지 등)			
기타시설			

구분	개수	명칭(구체적으로 기입)										비고
본인 거주 주택의 만족도	체크표시	1	2	3	4	5	6	7	8	9	10	10으로 갈수록 만족도 높음
본인주택 (크기 ㎡, 평)	과거시세 (5년전)				〈매매〉					만원		참고(국민은행 부동산사이트)
	현재시세				〈매매〉					만원		참고(국토교통부 실거래가사이트)
	미래시세 (5년후)				〈매매〉					만원		주관적 판단

2. 체크리스의 작성

가. 총 19개의 요소를 작성해본다. 세부적으로 열거해보면 교통수단, 가장 높은 곳, 조망시설, 학교시설, 보육시설, 관공서, 금융기관, 종교시설, 병의원, 문화시설, 복지시설, 유통시설, 유흥시설, 숙박시설, 치안시설, 방호시설, 기피시설, 유원지, 기타시설이다.

나. 추가하여 본인거주주택의 만족도를 10점 척도법으로 표시하고, 5년 전과 현재의 시세를 기재하고 5년후의 시세를 예측해본다.

다. 우리동네바로알기 체크리스트를 작성할 때는 반드시 본인 거주 주택을 중심으로 반경 1킬로미터이내의 상황을 발품을 팔아서 확인하고 기재하는 것이다.

라. 우리동네바로알기 체크리스트를 효율적으로 작성하는 요령은 사전에 인터넷지도를 참조하여 도상답사를 해보는 것이다. 그러면 현장답사를 할 때 마치 한번쯤 와본듯한 기시감을 느낄 수도 있다.

마. 체크리스트 항목 중에서 가장 신경써서 작성해야할 부분은 교통시

설, 조망시설, 병의원, 문화시설, 유통시설, 기피시설 등이다.

3. 체크리스트 활용

가. 내 집을 팔 것인지 판다면 언제쯤 파는 것이 좋은 지에 대한 의사결정에 도움이 된다.
나. 내 집이 없는 경우 어디에 언제쯤 내 집을 마련하는 것이 좋은 지에 대한 의사결정에 도움이 된다.
다. 여러 곳의 주택을 동시에 상호비교시 보다 객관적인 기준으로 삼을 수 있다.
라. 현재 살고 있는 동네는 일상적인 정서가 개입되어 있어서 주관적으로 후한 점수를 주는 경향이 있다. 그래서 좀 더 나은 입지로 이사를 해야 할 시점을 놓치거나 주택가격 하락으로 인한 재무적 평가손실이 발생하기도 한다.

4. 우리동네바로알기 실습(샘플)

구분	개수	명칭(구체적으로 기입)	비고
교통수단 (역,정류장,터미널 등)	5	잠실역 2호선 501m, 잠실역 8호선 941m, 일반 버스정류장 2~3군데, KAL 공항버스(잠실롯데호텔)1.07KM	도보이동시간 :7~15분
가장 높은 곳 (산 언덕 등)	1	롯데월드타워(555m)	도시전체기준 (해발고도 기재)
조망시설 (산 강 호수 등)	2	잠실한강시민공원, 석촌호수	
학교시설 (초 중 고 대 기타)	10	강동송파교육지원청, 잠신초, 잠신중, 잠신고, 잠동초, 버들초, 영동일고, 잠실중, 송전초, 신천초	

구분	개수	명칭(구체적으로 기입)	비고
보육시설 (유치원 어린이집 등)	9	장미유치원, 잠실럭키유치원, 잠실밀알유치원, 캠프쌩쌩정글, 구립잠실국민연금어린이집, 반디어린이집, 잠실3동주민센터어린이집, 잠알어린이집, 푸른어린이집	
관공서 (시청 구청 주민센터 등)	3	잠실3동주민센터, 우체국, 송파구청	
금융기관 (은행 증권 보험)	17	・은행:KB국민은행, 신한은행, 우리은행, 스탠다드차다드은행, 시티은행, KEB하나은행 ・보험:푸르덴셜생명보험, NH농협생명보험, 삼성화재해상보험, 서울보증보험 ・증권:대신증권, 동부증권, 미래에셋증권, NH투자증권, 삼성증권, 현대증권, 유안타증권	
종교시설 (교회 절 등)	10	천주교 신천성당, 천주교 잠실3동성당, 불광사, 좋은씨앗교회, 잠실제일교회, 송파광성교회, 함께하는교회, 함께하는장로교회, 잠실중앙교회, 서울교회	
병의원 (병원 의원 한의원 등)	10	서울메디치과의원, 서울퍼스트치과의원, 더바름치과의원, 변혁한의원, 본초경희한의원, 서울삼성여성의원, 김성희마리아산부인과의원, 헤렌여성산부인과의원, 프리허그한의원, 잠실한의원 등	
문화시설 (도서관 박물관체육관 기념거리 등)	6	・도서관:잠실3동새마을문고, 잠실6동새마을문고 ・박물관:민속박물관, 한국광고박물관 ・체육관:YMCA 롯데월드 아이스링크 ・미술관:롯데잠실미술관	
복지시설 (복지관 등)	5	서울시각장애인복지관, 송파YMCA, 성심복지센터, 송파진로직업체험지원센터, 송파구자기주도학습관	
유통시설 (대형마트 재래시장등)	5	・재래시장:새마을시장 ・대형마트:하나로마트 석촌점, 롯데마트 잠실점, 롯데마트 월드타워점, 홈플러스 잠실점	

구분	개수	명칭(구체적으로 기입)	비고
유흥시설 (나이트클럽 등)	1	신천(국빈관나이트)	
숙박시설 (호텔 콘도 모텔 등)	4	잠실롯데호텔, 레이크관광호텔, 로즈마리호텔, MW호텔 등	
치안시설 (경찰서 파출소 등)	2	서울송파결찰서잠실5치안센터, 서울송파경찰서월드치안센터	
방호시설 (소방서 군부대 등)	1	송파소방서잠실119안전센터	
기피시설 (납골당 쓰레기 소각장 등)	1	고물상(우리자원)	
유원지 (관광지 놀이시설 명승지 등)	3	롯데월드, 서울 놀이마당, 삼전도비	
기타시설			
본인 거주 주택의 만족도	체크표시	1 2 3 4 5 6 7 **8** 9 10	10으로 갈수록 만족도 높음
본인주택 (크기 ㎡, 평)	과거시세 (5년전)	〈매매〉 119,500만원	참고(국민은행 부동산사이트)
	현재시세	〈매매〉 147,500만원	참고(국토교통부 실거래가사이트)
	미래시세 (5년후)	〈매매〉 160,000만원	주관적 판단

※용어해설 : 법정동(法定洞)과 행정동(行政洞)

법정동은 이름 그대로 법(法)으로 정(定)한 동(洞)이라는 뜻이다. 시·도의 하부 행정구역 단위인 동은 법정동과 행정동으로 구분된다. 행정동은 행정 운영의 편의를 위하여 설정한 행정구역으로서 주민 수의 증감에 따라 수시로 설치 또는 폐지된다. 이에 비하여 법정동은 대부분 1914년 시행된 행정구역 통폐합 때 정해진 것으로, 예로부터 전해온 고유 지명을 그 명칭으로 하며 거의 변동이 없다. 법정동은 신분증, 신용카드 및 재산권과 관련된 각종 공부(公簿)의 주소에 사용되며, 그 공부의 보관과 민원 발급, 주민관리 등 행정 처리는 행정동에서 관할한다.

현행 지방자치법은 법정동을 폐지하거나 설치하거나 나누거나 합칠 때에는 행정안전부 장관의 승인을 받아 그 지방자치단체의 조례로 정해야 하고(제4조의2 1항), 행정 능률과 주민의 편의를 위하여 그 지방자치단체의 조례로 정하는 바에 따라 하나의 법정동을 2개 이상의 행정동으로 운영하거나 2개 이상의 법정동을 하나의 행정동으로 운영할 수 있도록 규정하고 있다(제4조의2 4항).

이에 따라 인구가 많은 하나의 법정동에 여러 개의 행정동을 두기도 하고, 인구가 적은 여러 개의 법정동을 묶어 하나의 행정동에서 행정 처리를 하기도 한다. 예를 들면, 2010년 현재 서울특별시 서초구의 법정동인 반포동은 반포본동과 반포1~4동의 5개 행정동으로 분할되어 있다. 또 서울특별시 종로구 사직동은 법정동이자 행정동이기도 한데, 행정동인 사직동은 법정동인 사직동을 비롯하여 통의동·적선동·체부동·필운동·내자동·도렴동·당주동·내수동·세종로·신문로1가·신문로2가 등 12개 법정동의 행정을 관할한다.
(출처: 네이버 지식백과)

신축빌라를 구경하러 갔어요.

제1절 신축빌라 투자자 상황

I 신축빌라 투자자 상황

1. 가족구성

가. 본인 : 43세
나. 배우자 : 41세 전업주부
다. 자녀 : 중학교 1학년 아들, 초등학교 5학년 딸
라. 모친 : 72세(인근지역에서 원룸 거주)

2. 직업상황

가. 중견기업 과장
나. 직장생활 16년차
다. 연봉 4,500만원(보너스 포함)

3. 투자목적

가. 직장인으로서 정년퇴직을 기대하기 어려워서 별도의 소득원을 확보해 놓을 목적임
나. 장차 평생월급의 개념으로 부동산임대소득으로만 현재의 연봉수준까지 만들어 놓는 것이 최종 목표임
다. 자녀의 중고등학교 진학에 이은 대학교 진학을 위한 교육자금도 확보할 계획임
라. 현재 거주지보다 양호한 학군지역으로 이사를 갈 생각도 있음

4. 부동산투자경험

가. 현재 서울시 도봉구 W아파트 거주(전용 82㎡, 2005년 입주, 4개동 154세대). 2009년 당시 융자를 1억끼고 3.7억원에 매입하였는데 현재 대출금은 전액상환하였고 4.2억 시세 형성됨
나. 아파트 청약후 당첨 경험 없음
다. 전세거주 경험 다수

5. 자금사정

가. 현금 1.5억
나. 주식투자금 0.8억
다. 부동산관련 대출금 없고, 마이너스대출 천만원 한도거래(예금 상태)

제2절 신축빌라 현황

I 신축빌라 현황

1. 물건현황

가. 신축빌라(전용면적 33㎡ / 실사용면적 40㎡)

나. 방2칸, 거실, 욕실, 테라스(10㎡)

다. 5층중 4층(1층 필로티 주차장), 건폐율 59.7%, 용적률 190.7%

라. 매매예상가격: 3.1억

마. 융자 60%가능

바. 예상전월세금액: 전세 2.6억 또는 보증금 0.5억/월 100만원

사. 도시지역, 제2종 일반주거지역에 소재

아. 대지지분은 19.3㎡(전체 229.5㎡)

자. 토지의 개별공시지가는 437만원(㎡, 2016년 기준)

2. 위치조건

가. 서울시 서초구 서초동에 소재

나. 대로변에서 직선거리 170미터 안쪽 이면도로변

다. 6미터 도로에 접함

라. 주변지형은 전반적으로 평지이나 물건지는 약간 언덕길

3. 교통상황

가. 수도권전철 3호선 남부터미널역에서 도보 7분 거리
나. 서울남부터미널에서 도보 6분거리
다. 물건지 반경 2km권에 2호선, 3호선, 7호선 전철역 다수 위치

4. 수급여건

가. 해당 지역의 주거공실률은 거의 없는 편임
나. 신축빌라이므로 특히 공실위험 적을 것으로 예상됨
다. 향후 1~2인 가구 증가로 안정적인 임대시장 형성 가능성 높음

5. 사회여건

가. 학군프리미엄 존재
나. 서울교대, 서울시인재개발원, 남부터미널, 예술의 전당 등 굵직한 공공기관과 다양한 생활편의시설 존재
다. 혐오시설 없음

제3절 신축빌라 투자평가

I 신축빌라 투자평가

1. 임대차현황

가. 주변지역은 소형주거시설의 공급부족으로 원활한 임대가 가능할 것으로 판단된다.

나. 특히 강남의 유망한 학군지역으로 인기있는 고등학교에 진학할 수 있다.

다. 원룸형 주거시설보다 가족단위로 거주할 수 있는 투룸형 빌라가 임대물건으로 선호된다.

2. 시세상황

가. 대상물건의 임대수익률 기준으로 볼 때 적정한 수준이라고 판단된다.

나. 물건지 소재지역인 서초동의 경우 워낙 고가이고 여러명의 가족이 거주하기에 적합한 아파트에 비하여 2~3인 가구가 거주하기에 적합한 크기와 3억원 정도이 매매가로 판단해 볼 때 가성비가 우수한 주거용 부동산이다.

3. 물건현황

가. 신축건물이므로 관리할 부분이 당장에는 없다.

나. 주변지역의 단독주택등이 노후화되었지만 수시로 빌라형태로 재건축되고 있어서 환경이 점차 양호해지고 있다.

다. 토지모양이 정방형이고 서향이므로 효율적인 건축물이 되었고, 오후부터 석양까지 햇빛이 들어오는 일조권을 보유하고 있다.

4. 투자수익률 전망

투자수익률(제세공과금 공제전 / 융자끼고 투자)
☞ 융자 60%(1.86억/보증금 0.3억)인 경우: 6.83%(대출이자율 연 3% 가정, 향후 대출금리변동에 따라 수익률이 달라짐)
= (월세 − 대출이자) / (매매가 − 대출금 − 보증금)
= (1,200만원 − 558만원) / (3.1억 − 1.86억 − 0.3억)
= 순이익(642만원) / 자기자금(9,400만원)

5. 투자자의견(투자하기로 결정함)

가. 보증금을 높여서 대출금없이 보유중인 자기자금 2.3억으로도 투자 가능함. 기대수익률은 4%중반대로 예상함

나. 대출금을 최대한 끼고 투자시 자기자금은 1억원 정도면 가능하고 투자수익률도 6% 중반대로 상승함(대출이자율이 연 3%로 유지될 경우)

다. 투자목적이 시세차익이 아닌 월생활비 확보에 있으므로 월세확보에 주안점을 두려고 함
라. 1주택자가 주택임대업을 할 경우 기존 주택의 비과세혜택을 유지할 수 있고, 임대주택으로 소형주택을 매입시 취득세 감면 등의 세제지원도 활용할 계획임
마. 임대소득이 많지 않을 경우 소득세부담이 적지만 향후 연봉규모에 가까울 정도로 많아질 것을 대비하여 투자물건의 소유자를 전업주부인 배우자로 할 예정임
사. 중학교 1학년인 큰 아이가 고등학교에 진학할 때 투자할 강남권의 빌라로 이사할 계획도 있음
아. 대상물건의 대지지분이 19.3㎡이고 개별공시지가가 437만원(㎡)이므로 토지가치가 8,400만원임. 서초동이라는 프리미엄을 감안한다면 미래에 재건축 또는 매각시 2~3배의 토지가치가 기대됨
자. 결론은 융자를 끼고 투자하기로 결정함

6학년

2학기

1장.　　수익형부동산으로 소풍을 떠나요.

수익형부동산으로 소풍을 떠나요.

2학기 1장 제1절 수익형(수익성)부동산이란?

I 수익형부동산의 정의

1. 수익형부동산의 개념

가. 보유하면서 일정한 월세 등의 수익이 창출되는 부동산이다. 수익창출능력이 비수익형부동산과 가장 큰 차이점이다.
나. 주로 상가와 오피스텔과 같은 물건을 말한다.
다. 거주주택이나 나대지와 같이 보유기간중에 수익이 발생하지 않는 부동산을 비수익형부동산 또는 무수익부동산이라고 한다.
라. 본인이 자영업에 직접 종사하기 위하여 구입하는 상가 등은 수익형부동산이라고 표현하기보다 사업장이라고 한다.
마. 수익성부동산이라고도 부른다.

2. 주요 수익형부동산의 종류별 특징

구분	기대수익	기대위험	거래금액	비고
단지내상가	중간	낮음	소액	대로변 연접이 중요
근린상가	중간	중간	고액	항아리상권이 중요
재래시장상가	낮음	높음	소액	상권쇠락으로 환금성 낮음
테마상가	높음	높음	소액	초과공급 우려 있음
주상복합상가	중간	중간	중간	업종선택이 중요
쇼핑몰상가	높음	높음	소액	비온라인쇼핑아이템 고려
스트리트상가	중간	중간	고액	테마&문화거리 조성 필요
오피스	중간	중간	고액	대로변 고층건물 우세
오피스텔	높음	중간	소액	주거용(초역세권 중요)
아파텔	중간	낮음	중간	주거용(부모자녀가구 적합)

2학기 1장 제2절 수익형부동산 분석하기

I 수익형부동산 분석하기

1. 수익형부동산 답사활동

(1) 수익형부동산 답사활동이 필요한 이유

가. 주거용부동산의 경우 혹시라도 입지분석을 잘못하여 투자에 실패하더라도 본인이 직접 실거주하면 문제가 상당부분 해소될 수 있다.

나. 수익형부동산의 경우 주거용부동산에 비하여 입지에 대한 민감성이 강하므로 정밀하게 분석해야 한다.

다. 수익형부동산의 경우 같은 건물 안에 있는 물건이라도 향과 층에 따라 10% 이상 시세차이가 발생할 수 있다.

라. 수익형부동산은 주변에 위치한 부동산의 구성이나 업종채용에 따라서 가치가 많이 차이난다. 비슷한 입지의 오피스텔이라도 주변에 형성되어 있는 상업시설의 상황이 혐오스러워서 소비자들이 접근하기를 꺼리거나, 대형종교시설이 있어서 평일에는 한산하거나, 똑같은 스타일의 수익형부동산이 너무 많이 공급되어 있는 경우가 그런 경우에 해당한다.

(2) 수익형부동산 답사활동의 방식

가. 우리동네바로알기 방식과 같이 체크리스트를 지참하고 현장에 도착하기 전부터의 상황을 체크하기 시작한다.

나. 인근지역 부동산업소 여러 곳에 방문하여 입지와 상권에 대한 동일한 질문을 시도하여 이미 형성된 공감대를 확인한다.

다. 답사활동은 일회성으로 끝내면 안되고, 평일과 휴일 또는 계절변화를 고려하여 수차례 이상 실시해야 한다.

라. 주거용부동산이 아니므로 쾌적성이나 학군과 같은 주거환경요소들은 과감하게 배제하고, 백화점이나 영화관 또는 만남의 광장과 같은 코어상권에 대한 접근성과 유동인구 컨디션을 면밀하게 살펴야 한다. 유동인구의 컨디션이라는 것은 주간활동인구와 야간활동인구, 코어상권에 가장 많이 접근하는 통로, 유동인구의 걸음속도 등을 말한다.

(3) 수익형부동산 입지분석사례(샘플)

☞ 본 사례는 초기개발상태인 신도시의 역세권에 분양하는 오피스텔의 입지분석에 대한 것이다. 일부 데이터는 현실적으로 산출이 불가하여 공란도 있다.

상권분석 체크리스트

1. 상권위치 및 형태

(동탄신도시)

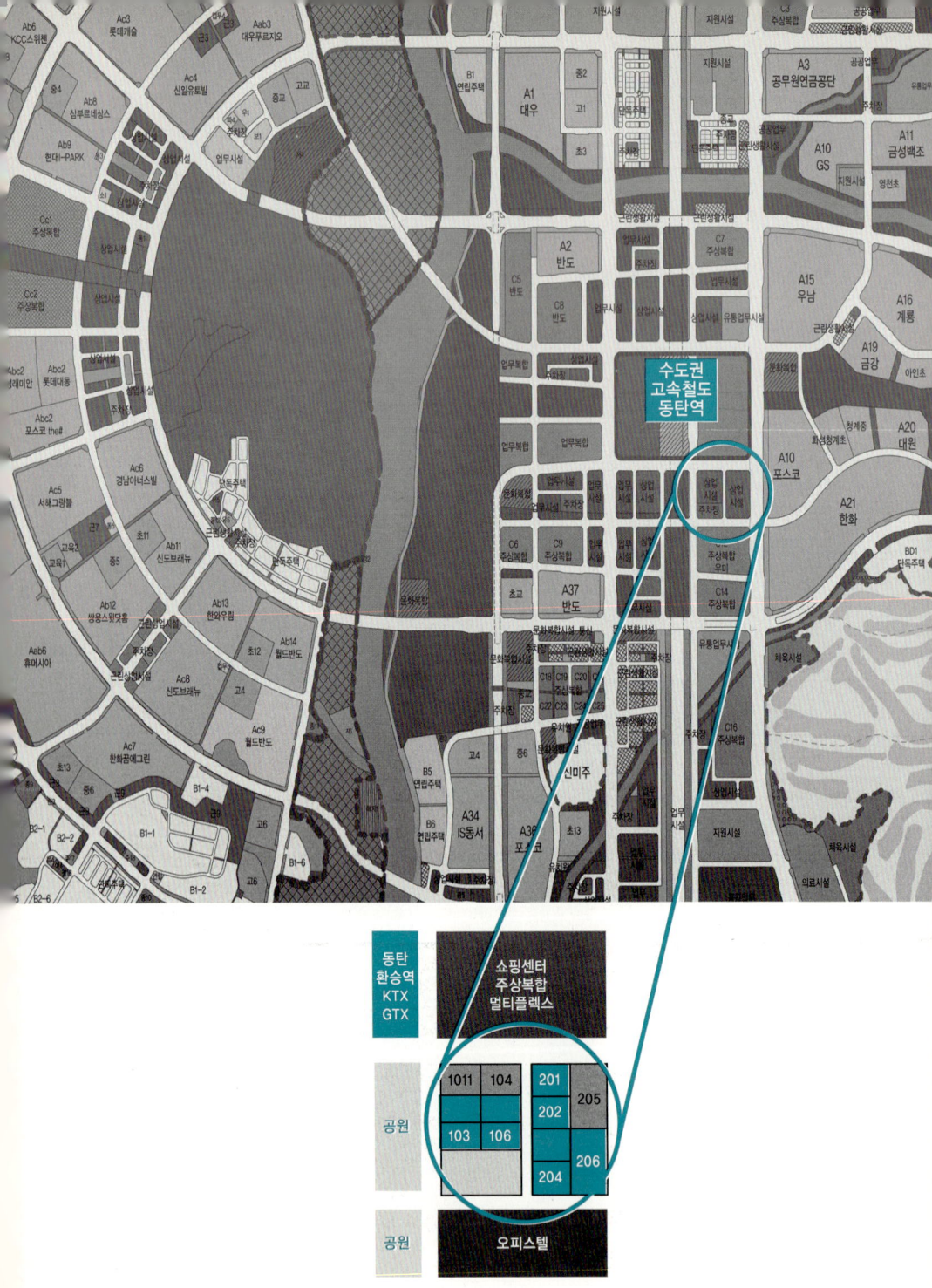

입지형태	1) 일반상업지역 2) 역세권, 동탄역이 가지고 있는 유동인구를 모두 누릴 수 있는 우수 입지 환경 3) 산업단지 인접 지역(동탄2 테크노밸리 비즈니스 콤플렉스 및 광역비즈니스 콤플렉스) 4) 백화점 및 로데오거리를 필두로 한 중심 상권에 위치함으로써 공실율의 리스크를 최소화 할 수 있는 입지 5) 12mt도로 서향과 8m도로 남향 6) 동탄역 도보 3분거리 7) 1~3층까지 상가형태, 4~7 테라스+복층 & 13층까지 오피스텔 207실 전층 복층 8) 산업과 주거, 교육, 문화, 비즈니스 기능이 조화된 자족도시 건설 및 7개의 특화구혁 계획
신도시의 경우	1) 도시발전 초기 단계 2) 복합환승센터 건설로 광역교통 집결점. 20분대 서울 진입 가능. KTX & GTX 신설 후 서울 강남까지의 교통 인프라가 잘 형성됨. 수도권 남부의 교통허브 요충지 역할. 3) KTX 동탄역 하루 이동평균 이용개 : ABT. 40만명 추정 4) 10층이상 대형건물 5개이상 밀집지역. 동탄2신도시 시범단지아파트(우남, 포스코더샵, 한호꿈에그린, 계룡리슈빌 등) 5) 주변 아파트 및 주상복합단지 분양 중

2. 교통환경

지하철(역세권인지)	KTX GTX 동탄호나승역, 버스지하철 도보 3분
버스노선(도심)주거단지	brt 정류장(예정)
버스터미널	광역 환승센터 - 버스터미널(예정)
도로편의시설	경부고속도로, 용인~서울고속도로, 제2외관 순환고속도로(예정)
횡단보도	미정

3. 건물현황 (건물형태 : 오피스텔, 주상복합, 일반상가, 단독, 상가주택)

층수 및 호수		면적	실평수㎡	형태	출입구위치	계단 및 엘리베이터		주차장
지하 4층, 지상 13층		46,15/48,56㎡	19,14 35,67㎡	원룸형,1.5룸형	서쪽	엘리베이터(3)대		자주식,167대
보증금	월세	관리비	관리방식	보안	방향	조망	건물 내 편의시설	
(예정)만원	(예정)만원	(미정)만원	미정	미정	동,서,남향	미정	입주예정	

4. 주변시설

오피스텔 내 시설	지상 1층~3층은 근린생활시설, 4층~13층은 오피스텔
금융, 관공서, 병원	바로 옆 상가건물에 피부과, 내과 등 병원 입점 예정, 공공청사 들어올 예정
시장, 백화점, 쇼핑몰	롯데백화점(예정), 롯데멀티플렉스(예정)
교육시설(초,중,대 기타)	초중고 개교 예정, 옆 지역 동탄초, 청계중, 아인초, 동탄중, 동탄중앙고, 동탄중앙초 등
주거시설	주상복합, 반도유보라아이비파크(2017.9), 한화꿈에그린, 더샵센트럴시티, 우남퍼스트빌, 계룡리슈빌 등
조망시설(산,강,호수 등)	청계중앙공원, 오산천, 반석산 근린공원 등
보육시설(어린이집)	미정
종교시설	미정
문화시설	롯데시네마(예정), CGV(예정), 롯데호텔, 컨벤션센터
복지시설	미정
치안시설(경찰서 등)	미정
기피시설(납골당 등)	미정

5. 인구 구성(이하 항목은 자료미확보로 인하여 공란임)

상권명	가구수	인구수	
		주거인구	직장인구

6. 주거인구 현황

상권명	구분	총인구수	연령대별 인구수						
			10세이하	10대	20대	30대	40대	50대	60대이상
제1상권	전체								
	남								
	여								

7. 직장인구 현황

상권명	총인구수	성별 인구수		연령대별 인구수				
		남	여	20대	30대	40대	50대	60대이상

8. 유동인구현황

1) 연령대별 유동인구 비율

시간 \ 유동인구	합계	참고사항
합계		

2) 유동인구 비율

시간 \ 유동인구	10대	20대	30대	40~50대	60대이상	합계	참고사항
남자							
여자							
합계							

3) 요일별유동인구 비율

	월	화	수	목	금	토	일

4) 직업별유동인구(%)

합계	고교생이하	대학생	직장인	기타	참고사항
	%	%	%	%	

9. 주요 상권 임대 현황

10. 주변 기업

대기업 수	대기업 종사자	중소기업 수	중소기업 종사자	자영업자 수	참고사항
삼성, 동탄테크노밸리	6만 5천명	4만명 정도 예상	미정	미정	상가 분양사 자료임

부동산 초등학교

초판 1쇄 인쇄	2017년 6월 15일	
초판 1쇄 발행	2017년 6월 20일	

지 은 이	유 평 창
펴 낸 이	김 경 일
펴 낸 곳	태경출판인쇄공사
등 록	제2017-000016
주 소	서울시 중구 퇴계로 36가길 9 (필동2가, 영은빌딩 304호)
전 화	02-2264-6925
이 메 일	kki3355@naver.com

값 15,000원
ISBN 979-11-961042-1-4

※ 이 책은 저작권법에 따라 보호받는 저작물이므로 무단 전제와 복제를 금하며, 이 책 내용의 전부 또는 일부를 사용하려면 반드시 저작권자와 태경출판의 서면 동의를 받아야 합니다.
※ 잘못되거나 파손된 책은 구입하신 서점에서 교환해 드립니다.

이 도서의 국립중앙도서관 출판예정도서목록(CIP)은 서지정보유통지원시스템 홈페이지 (http://seoji.nl.go.kr)와 국가자료공동목록시스템(http://www.nl.go.kr/kolisnet)에서 이용하실 수 있습니다.(CIP제어번호: CIP2017014213)